厚生労働省認定教材	
認定番号	第58623号
改定承認年月日	平成30年1月11日
訓練の種類	普通職業訓練
訓練課程名	普通課程

木造建築実技教科書

独立行政法人 高齢・障害・求職者雇用支援機構
職業能力開発総合大学校 基盤整備センター 編

は　し　が　き

　本書は職業能力開発促進法に定める普通職業訓練に関する基準に準拠し，主に建築施工系の専攻実技「器工具使用法」，「工作実習」，「木造建築施工実習」，「部材加工実習」等の教科書として編集したものです。
　作成にあたっては，内容の記述をできるだけ平易にし，専門知識を系統的に学習できるように構成してあります。
　本書は職業能力開発施設での教材としての活用や，さらに広く建築分野の知識・技能の習得を志す人々にも活用していただければ幸いです。
　なお，本書は次の方々のご協力により改定したもので，その労に対し深く謝意を表します。

〈監修委員〉
　藤　野　栄　一　　　　職業能力開発総合大学校
　前　川　秀　幸　　　　職業能力開発総合大学校

〈改定執筆委員〉
　大　野　生　二　　　　岐阜県立国際たくみアカデミー職業能力開発短期大学校
　田母神　　　毅　　　　埼玉県立熊谷高等技術専門校

（委員名は五十音順，所属は執筆当時のものです）

平成30年1月

独立行政法人　高齢・障害・求職者雇用支援機構
職業能力開発総合大学校　基盤整備センター

目　　次

	工具一覧	…………………………………………………………………… 6
No. 1	砥石台の仕込み調整　砥石台の仕込みと研ぎ面の修正	……………………… 15
No. 2	さしがねの使い方　さしがねの使い方	…………………………………… 16
No. 3	のこぎりの使い方(1)　角材の横びき	……………………………………… 17
No. 4	のこぎりの使い方(2)　角材の縦びき	……………………………………… 18
No. 5	のこぎりの目立て　目立ての仕方	…………………………………………… 19
No. 6	ほぞ穴掘り　のみによるほぞ穴掘り	…………………………………………… 21
No. 7	のみの手入れ　かつらのはめ方	……………………………………………… 22
No. 8	のみの研ぎ方(1)　裏押し	……………………………………………………… 24
No. 9	のみの研ぎ方(2)　研ぎ方	……………………………………………………… 25
No. 10	かんな刃の出し入れ　かんな刃の出し方と抜き方	……………………… 27
No. 11	かんな削り(1)　薄板の仕上げ削り	………………………………………… 28
No. 12	かんな削り(2)　かんなの持ち方と削り動作	……………………………… 29
No. 13	かんな削り(3)　角材の正角削り	…………………………………………… 30
No. 14	かんな刃の研ぎ方(1)　かんな刃の裏打ちの仕方	………………………… 31
No. 15	かんな刃の研ぎ方(2)　かんな刃の裏押し	………………………………… 32
No. 16	かんな刃の研ぎ方(3)　かんな刃の研ぎ方	………………………………… 33
No. 17	かんな刃の研ぎ方(4)　裏座の研ぎ方と合わせ方	………………………… 34
No. 18	かんな台の手入れ(1)　かんな台下端削り	………………………………… 35
No. 19	かんな台の手入れ(2)　かんな刃の仕込み	………………………………… 36
No. 20	かんな台の手入れ(3)　刃口の修正	………………………………………… 37
No. 21	かんな台の手入れ(4)　裏座の仕込み	……………………………………… 38
No. 22	かんな台の手入れ(5)　裏座止めの入れ方	………………………………… 39
No. 23	げんのうの手入れ　柄の仕込み	……………………………………………… 40
No. 24	けびきの使い方　けびきによる平行線の引き方	………………………… 42
No. 25	ちょうな斫り　丸太材のちょうな斫り	……………………………………… 43
No. 26	墨付け用具の使い方(1)　墨つぼと墨さしの手入れ	……………………… 44
No. 27	墨付け用具の使い方(2)　心墨の打ち方，付け方	………………………… 45
No. 28	心墨の打ち方　曲がった丸太材の心墨の打ち方	………………………… 46
No. 29	安全衛生作業法　災害防止のための順守事項	…………………………… 47
No. 30	電動工具の使い方(1)　一般注意事項	……………………………………… 49
No. 31	電動工具の使い方(2)　電気丸のこの使い方	……………………………… 50
No. 32	電動工具の使い方(3)　電気かんなの使い方	……………………………… 51
No. 33	電動工具の使い方(4)　電気溝切りの使い方	……………………………… 52
No. 34	電動工具の使い方(5)　電気角のみの使い方	……………………………… 53
No. 35	電動工具の使い方(6)　電気ほぞ取り機の使い方	………………………… 54
No. 36	電動工具の使い方(7)　電気ドリルの使い方	……………………………… 55
No. 37	電動工具の使い方(8)　グラインダによる研削（研削機）	……………… 56

No. 38	木工機械の使い方(1)	昇降傾斜盤の使い方	57
No. 39	木工機械の使い方(2)	帯のこ盤の使い方	58
No. 40	木工機械の使い方(3)	手押しかんな盤の使い方	59
No. 41	木工機械の使い方(4)	自動かんな盤の使い方	60
No. 42	木工機械の使い方(5)	超仕上げかんな盤の使い方	61
No. 43	そぎ継ぎ	斜めのこびきと釘打ち	62
No. 44	相欠き継手	斜めのこびきとのこびきの深さ	63
No. 45	こしかけあり継手(1)	こしかけあり継手の男木の作り方	64
No. 46	こしかけあり継手(2)	こしかけあり継手の女木の作り方	65
No. 47	こしかけかま継手(1)	こしかけかま継手の男木の作り方	66
No. 48	こしかけかま継手(2)	こしかけかま継手の女木の作り方	68
No. 49	追かけ大栓継手	追かけ大栓継手の作り方	69
No. 50	台持ち継手	台持ち継手の作り方	71
No. 51	金輪継手	金輪継手の作り方	73
No. 52	しゃち継手(1)	しゃち継手の男木の作り方	75
No. 53	しゃち継手(2)	しゃち継手の女木の作り方	77
No. 54	大入れありかけ	大入れありかけの作り方	78
No. 55	えり輪入れ小根ほぞ差し割りくさび締め(1)	男木の作り方	80
No. 56	えり輪入れ小根ほぞ差し割りくさび締め(2)	女木の作り方	81
No. 57	えり輪入れ小根ほぞ差し出すみ留め割りくさび締め(1)	男木の作り方	82
No. 58	えり輪入れ小根ほぞ差し出すみ留め割りくさび締め(2)	女木の作り方	83
No. 59	大入れあり落とし	大入れあり落とし仕口の作り方	84
No. 60	かたぎ大入れ短ほぞ差し，羽子板ボルト締め	かたぎ大入れ短ほぞ差しの作り方と羽子板ボルト締めの仕方	85
No. 61	渡りあごかけ	渡りあごかけの作り方	86
No. 62	平ほぞ差し	平ほぞ差しの作り方	87
No. 63	長ほぞ差し，こみ栓打ち	長ほぞ差し，こみ栓打ちの作り方	88
No. 64	地ごくほぞ差し	地ごくほぞ差しの作り方	89
No. 65	かぶとありかけ(1)	丸太はり材の仕口の作り方	90
No. 66	かぶとありかけ(2)	ひかり方	91
No. 67	ねじ組み(1)	ねじ組みの上木の作り方	92
No. 68	ねじ組み(2)	ねじ組みの下木の作り方	93
No. 69	棒隅木	棒隅木の作り方	94
No. 70	補強金物	ひら・ひねり金物	95
No. 71	内法材の寸法とり(1)	柱のくせの写し方	96
No. 72	内法材の寸法とり(2)	大入れ仕口の写し方	97
No. 73	寄せあり	寄せありの作り方	99
No. 74	しのざしあり	しのざしありの作り方	100
No. 75	えり輪欠き	えり輪欠きの作り方	101
No. 76	下端留め目違い入れ	回り縁の作り方	102
No. 77	下端留め目違いほぞ差し	なげしの作り方	103
No. 78	大がねの製作	大がねの作り方	104
No. 79	地なわ張り	大がねによる位置の決定方法	105

No. 80	遣り方(1)	水盛り缶の使い方	106
No. 81	遣り方(2)	レベルの使い方	107
No. 82	遣り方(3)	大がねによる心墨の出し方	108
No. 83	遣り方(4)	トランシットによる心墨の出し方	109
No. 84	基礎コンクリート型枠工事	遣り方からの型枠位置の定め方　コンクリート型枠の組み立て方	111
No. 85	土台の据え付け	基礎上端の墨出しと土台の据え付け	112
No. 86	ゆがみ直しと仮筋かい打ち	下げ振り定規の製作とゆがみ直しの方法	113
No. 87	火打ちの墨付け及びボルト穴あけとボルト締め	火打ちの墨付け及びボルト穴の斜め穴あけとボルトの締め方	115
No. 88	階段の割り付け(1)	直進階段	116
No. 89	階段の割り付け(2)	回り階段	117
No. 90	内壁(1)	石こうボード張り	118
No. 91	内壁(2)	石こうラスボード張り	119
No. 92	模擬家屋(1)	構造材の墨付け及び加工，組み立て	120
No. 93	模擬家屋(2)	柱の墨付け及び加工，建て方	121
No. 94	模擬家屋(3)	野地・壁下地	122
No. 95	模擬家屋(4)	床の張り方	123
No. 96	模擬家屋(5)	内法・開口部の納まり	124
No. 97	模擬家屋(6)	軒天井・洋室の天井・内壁の納まり	125
No. 98	模擬家屋(7)	天井・押入の納まり	126

工具一覧

番号	名称	用途	関連知識
1	さしがね（指矩，曲尺）	直線，直角，勾配などを引いたり，測ったりするほか，直角定規として多用される。	ステンレス製，鋼製のものがある。表目はメートル尺で，裏には表目の$\sqrt{2}$倍の目盛りがしてある。
2	スケール（直定規）	長さの測定に使用する。	鋼製又はステンレス製のものがある。
3	コンベックスルール	長さの測定に使用する。	鋼製で，ストップ機構のあるものとないものがある。定規長さ2～5mのもので携帯に便利である。
4	巻尺	長さの測定に使用する。	鋼製のもので定規長さ10～50mのものが使われている。 出所：(株) TJMデザイン
5	下げ振り（さげふり）	鉛直を測定するのに用いる。	鋼製で，先端に鋼が付けてある。
6	墨つぼ（糸巻車，つぼ綿，糸口，つぼ糸，かるこ，かえで）	つぼ糸を引き出して，直線を打つのに用いるほか，墨さしに墨汁を付けるものとして用いる。	ワンタッチタイプの墨つぼ
7	墨さし	平らの割込みに墨を染み込ませて線を引き，丸のほうで文字や合い印を書く。	材質は肉厚の竹材が一般的であるが，金属製のものもある。
8	直角定規（スコヤ）	直角の測定や直角の線を引くのに用いる。	木製のものは「きがね」と呼ぶ。

番号	名称	用途	関連知識
9	自在定規（斜角定規）	直角以外の角度を写したり，検査したりするのに用いる。	自由定規ともいう。 2枚定規のものもある。
10	下端定規	かんな台の下端の検査に用いる。	ひのき，さくら，ほうなどのまさ目の狂いの少ないものを2枚重ねにして用いる。ステンレス製のものもある。
11	けびき（罫引） 二本さお（棹）　一本さお（棹）	材の面に平行な筋を引いたり，薄い板を割ったりするのに用いる。	鎌けびき，割りけびき，筋けびきがある。 鎌けびき　筋けびき
12	げんのう 小口（平面）　頭　束 小口（球面） 一文字形　八角形　丸形　長円形　かたくち	釘やのみを打つほか，かんな刃の調整などに広く用いる。	大きさや形により，各種のものがある。 重さはそれぞれ， 　特大げんのう　940〜1125 g 　大げんのう　　650〜750 g 　中げんのう　　400〜500 g 　小げんのう　　250〜300 g くらいが普通である。 平らのほうで，のみ束頭や釘頭をたたき，丸みの部分で，釘打ちの最後のひと打ちや木殺しに用いる。
13	金づち 四分一金づち 刃づち	釘の打ち込みのほか，あさり出しなどに用いる。	普通の工作用のほかに，小釘打ち込み用など，各種のものがある。 片方が釘打ち用に平らで，反対が尖っている。
14	木づち	かんな刃の出し入れなどに用いる。	プラスチック製，ゴム製もある。 プラスチック製

番号	名称	用途	関連知識
15	かじや 平かじや（バール） 段付きかじや 小かじや	釘抜きに用いるほか，てことしても用いる。	平かじやは360〜900mm，段付きかじやは240〜300mm，小かじやは150〜200mmのものがある。
16	かけや 両手用（角） 片手用 両手用（丸）	構造材の組み立てや，くいを打ったりするのに用いる。	小型の片手用のものをこのきりという。
17	砥石（といし） 天然（仕上げ砥）　天然（中砥） 人工（仕上げ砥）　人工（中砥） 6000#〜10000#　800#〜1200#	刃物を研ぐのに用いる。	荒砥・中砥・仕上げ砥のほか，産地により各種のものがあり，また最近は人造砥石が多く用いられる。 セラミックの砥石もある。 表面にダイヤモンドが散布してあるものがある。
18	金盤（金砥石）	刃物の研ぎしろの少ないときに用いる。 かんな刃，のみ刃などの裏押しに金剛砂などとともに用いる。	両面使用のものと足付きのものがある。また，素材として軟鋼製と硬鋼製のものがある。
19	ちょうな（手斧）	丸太はり（梁）の仕口や束あたりを斫るのに用いる。	天正年間ごろに堅固な柄袋が作られるようになってから現在のようなものになった。 柄はムロギ・えんじゅ（槐）などを生木のうちに針金類で曲げておいて成型する。
20	まさかり	板材の耳付きを削ったり，丸太材の仕口こしらえの荒削りなどに用いる。	

番号	名称	用途	関連知識
21	のみ こてのみ／丸のみ／しのぎのみ／薄のみ／向こう待ちのみ／大入れのみ／たたきのみ／突きのみ	穴掘りや，仕口・継手の仕上げなどに用いる。	用途により各種の形のものがある。また，のみの幅は， 　たたきのみ　9〜48mm 　大入れのみ　3〜36mm が一般的で，その他のものにも各種の幅がある。
22	のこぎり 両刃のこぎり／替刃式両刃のこぎり／胴付のこぎり／替刃式横びきのこぎり／はな丸のこぎり／あぜびきのこぎり／回しびきのこぎり／弓のこぎり	材の切断や，ひき割りに用いる。	用途により各種のものがある。 各種のこぎり刃の形 　横びき 　縦びき 　胴付 　あぜびき
23	かんな 平かんな／底取りかんな／基市かんな／わき取りかんな／台直しかんな／わきかんな	材の面などを削るのに用いる。	用途により平面削り用，面取り用，溝切り用，しゃくり用など各種のものがある。 　わき取りには，左用，右用のものがある。 出所：（わきかんな）河合のこぎり店
24	きり 四つ目ぎり／三つ目ぎり／つぼぎり／ボルトぎり／板ぎり／クリックボール（くりこぎり）	穴をあけるのに用いる。	穴の大きさと深さにより，適したものを選んで用いる。

番号	名　　称	用　　途	関　連　知　識
25	釘締め	釘の頭を材の表面から中へ打ち込むのに用いる。	
26	ドライバー（ねじ回し） 十字・プラス マイナス	木ねじなどの締め付け，取り外しに用いる。	先が－（マイナス）のものと＋（プラス）のものがある。 　ドライバーは，必ずねじ溝と合ったものを用いる。
27	スパナ 片口スパナ 両口スパナ めがねレンチ ラチェットレンチ モンキースパナ	ナット，ボルトの締め付け，取り外しに用いる。	組スパナともいい，各種の口幅のものが1組になっているものが便利である。 　スパナは，ナットの寸法と合ったものを用いる。 　このほかに，口幅を自在に調整できるモンキースパナなどがある。
28	やすり 平 甲丸 丸 角（三角） 目立てやすり	金属，木材などの切削に用いる。 のこ刃の目立てに用いる。 平やすり 丸やすり	目の荒さから，荒目，中目，細目，油目などがある。
29	のこ挟み くさび	のこの目立てのとき，のこを保持するのに用いる。	目振り器（目振り，歯振り，あさり出し） 　のこ刃のあさりを調整するのに用いる。
30	カッター	各種の材料の切断に用いる。	曲線の切断用などもある。 　サイズも小さいものから大きいものまである。

番号	名　　称	用　　途	関　連　知　識
31	コードリール	コンセントから各種電気工具などの作業場所まで電源を導くのに用いる。	基本的には，コードをすべて延ばして使用する。
32	電気丸のこ	材の切断などに用いる。	1．各種用途に合わせて種類がある。 2．のこ刃は，木材用のほか，石綿スレート，薄鉄板などの材料に用いる専用の刃がある。
33	スライド丸のこ	1．材の切断に用いる。 2．角度切断に用いる（水平角，鉛直角）。 3．幅広い板材でもスライドの範囲であれば切断できる。	傾斜方法が，左傾斜と両傾斜のものがある。
34	電気かんな	材の面などを削るのに用いる。	1．削り幅の大きさで数種類（80〜170mm）ある。 2．一般の機種は下端が水平であるが，曲面を削るために下端が凸曲面の機種もある。
35	電気溝きり	溝を切るのに用いる。	1．汎用機のほかに三面仕上げ用，胴縁切り込み用，小穴しゃくり用などの専用機がある。 2．薄切りの刃をカッタと呼び，刃数は2〜4枚，超硬チップ付きである。
36	電気角のみ	ほぞ穴などの角穴をあけるのに用いる。	1．ドリルの上げ下げを手動で行うものと，自動式のものがある。 2．穴あけ能力は幅が6〜30mm，深さ160mm程度である。

番号	名称	用途	関連知識
37	ほぞ取り機	ほぞを作るのに用いる。	4枚の丸のこ歯が同時に回転して1回の操作でほぞの2面の加工ができる。
38	電気ドリル	丸穴をあけるのに用いる。	1．用途により，木工・鉄工兼用，コンクリート用，特殊用途用などがある。 2．専用スタンドに取り付け，ドリルを固定して使用できるものがある。
39	コードレスドライバドリル	穴をあけるのに用いる。また，ねじの締め付けに用いる。	充電式で手軽に使用でき，回転速度の調整，及び正逆転切り替えが可能である。 出所：日立工機（株）
40	コードレスインパクトドライバ	ねじの締め付けに用いる。また，穴をあけるのに用いる。	回転と打撃の二つを組み合わせてねじを締め付けるため，強力な締め付けトルクを有すると共に，ねじ頭のつぶれ・ねじの倒れ防止にも有効である。 　各種ドリルビットを装着することで，各種材料の穴あけも可能である。 出所：（株）マキタ
41	インパクトレンチ	ボルト，及びナットの締め付けに用いる。	六角ソケットの交換により各寸法のナットの締め付けができ，また，正逆転の切り替えが可能である。
42	ディスクグラインダ	携帯用簡易研磨機として用いる。	砥石の交換により切断なども可能である。

番号	名称	用途	関連知識
43	トリマ　ルータ	彫刻，面取り，切り抜きなどの加工に用いる。	ビットの交換により多様な加工が可能である。
44	釘打ち機（ロール式）	釘打ちに用いる。	ツーバイフォー工法のフレーミングや面材の釘留めなどに使用する。コンプレッサの圧縮空気を利用して釘打ちを行う。
45	釘打ち機（仕上げ）	仕上げ材の釘留めに用いる。	仮止め，接着剤との併用などで用いる。コンプレッサの圧縮空気を利用して釘打ちを行う。
46	ビス打ち機	一般に，石こうボード張りに用いる。	木製下地用と鋼製下地用のものがある。コンプレッサの圧縮空気を利用して釘打ちを行う。
47	ジグソー	各種新建材，軟鋼板，アルミニウム板，銅板，樹脂等の切り抜き，曲線切り，直線切りに利用されている。	1．ブレード（刃）の動きが直線運動をするだけでなく，上下運動と前後運動を同時に行うタイプもある。2．切断する板厚は最大30mm程度で切削速度も遅い。
48	オートレベル	水準測量器。	水準儀の望遠鏡を自動的に水平にする装置がついたものである。 出所：（オートレベル）（株）トプコン　　　（三脚）（株）TJMデザイン

番号	名称	用途	関連知識
49	レーザーレベル 　レーザー墨出し器	水平-鉛直を出すのに用いる。	数本のレーザー光を壁面，天井，床面に照射し，水平，直角などの基準となる線を出す精密工具である。 出所：(株) TJM デザイン
50	水盛り缶	水平位置を出すのに用いる。	取り扱いが容易であることから，小規模住宅等の建築現場で利用されていたが，現在では迅速正確な自動レベルなどによる測定の方向に移行している。
51	風防下げ振り	構造材組み立ての際の鉛直測定に用いる。	普通の下げ振りは，強風の日は静止が困難で正確な測定ができないが，これは強風時にも鉛直測定が可能である。 出所：シンワ測定 (株)
52	エアコンプレッサ	圧縮空気を必要とする釘打ち機などと併用して用いる。	1．コンパクト，大容量，高圧タイプのバリエーションがある。 2．一般用空気圧は，0.78MPa（8 kgf/cm^2）以下，高圧用は2.26MPa（23kgf/cm^2）以下で使用する。 3．使用する釘打ち機の説明書を必ず確認をすること。
53	ホースリール	エアコンプレッサからの圧縮空気を釘打ち機などまで導くのに用いる。	一般用と高圧用がある。

作業名	砥石台の仕込み調整	主眼点	砥石台の仕込みと研ぎ面の修正

番号　No.1

図1　砥石と砥石台の納まり

材料及び器工具など

ひのき（又は，杉の赤味材），砥石，かんな，のこぎり（270mm），大げんのう，のみ（24〜48mm）

番号	作業順序	要点	図解
1	材料を準備する	1．台の長さは，流し台の奥行に合わせる。 2．台の幅は，砥石幅よりも20mmくらい広く取る。	
2	加工墨を付ける	1．台の中央に砥石を載せ，鉛筆で印をする。（図2） 2．長手方向の印の外側15〜30mmぐらいのところにかね墨を付ける。（図3） 3．上面から10mmくらいのところにけがきをする。 4．下面から10mmくらいのところに3．と同じようにけがきをする。	図2　図3
3	台を掘る	1．墨線の内側をけびき線まで数本のこ目びきをする。（図4） 2．のこびきのところを欠き取る。（図5） 3．残りの墨線の内側をのみで掘る。（図6） 4．砥石を合わせながら仕上げ掘りをする。砥石の底は，中央を少しくぼみめにする。 5．底を1．と同じ方法で10mmくらいすき取り，水ひき穴と前後の斜め取りをする。（図7）	図4　図5　図6　図7　水ひき穴
4	砥石を台に入れる	1．砥石を裏返して平らなところに置く。 2．台の前後端を握り，ひざを台の中央部に当て，砥石にかぶせるようにして入れる。 3．砥石を底まで密着するように入れる。	

備考

1．砥石のぐらつき防止と接着を目的として，接着剤を用いることがある。
2．薄くなった砥石は，底を平らにして，台に直接接着することがある。
3．砥石を台に仕込むときは，少し強めにしておく（後で抜けないように）。
4．持ち運びに気を付ける。

砥石面の直し方
1．荒・中砥石面を直すときは，平らなコンクリート面やコンクリートブロック面に，その修正面をこすり付ける。
2．仕上げ砥石を直すときは，定盤に貼った＃100程度のサンドペーパー又はダイヤモンド砥石を用いて表面をこすって平らにする。

				番号	No.2
作業名		さしがねの使い方	主眼点		さしがねの使い方

材料及び器工具など

さしがね，墨つぼ，墨さし，工作台，角材（120×120×1800）

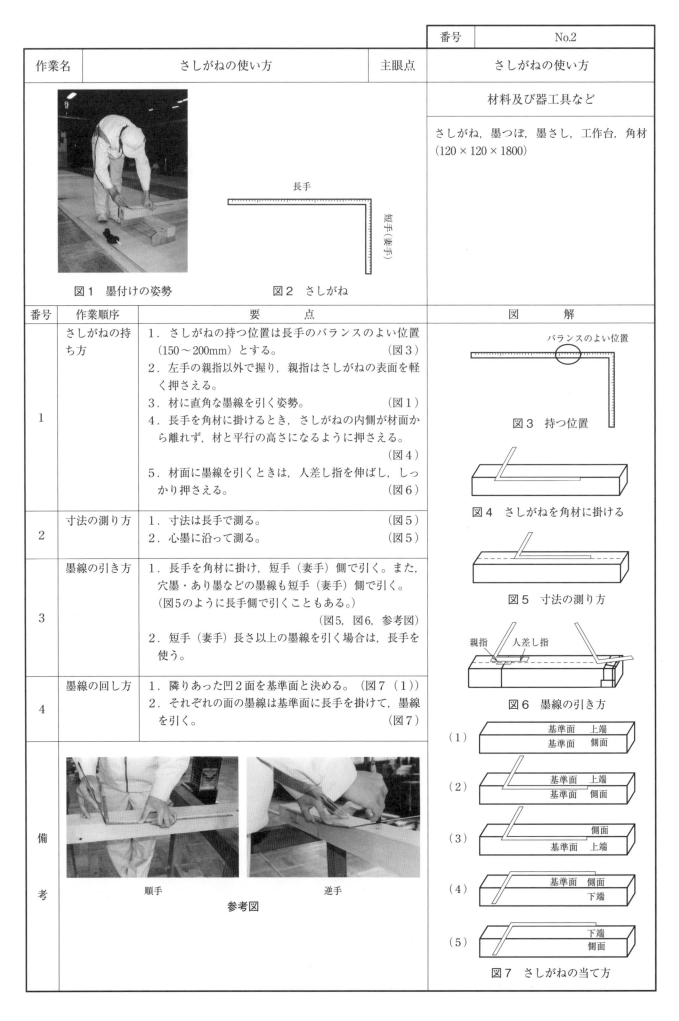

図1　墨付けの姿勢　　　図2　さしがね

番号	作業順序	要点	図解
1	さしがねの持ち方	1．さしがねの持つ位置は長手のバランスのよい位置（150〜200mm）とする。（図3） 2．左手の親指以外で握り，親指はさしがねの表面を軽く押さえる。 3．材に直角な墨線を引く姿勢。（図1） 4．長手を角材に掛けるとき，さしがねの内側が材面から離れず，材と平行の高さになるように押さえる。（図4） 5．材面に墨線を引くときは，人差し指を伸ばし，しっかり押さえる。（図6）	図3　持つ位置 図4　さしがねを角材に掛ける
2	寸法の測り方	1．寸法は長手で測る。（図5） 2．心墨に沿って測る。（図5）	図5　寸法の測り方
3	墨線の引き方	1．長手を角材に掛け，短手（妻手）側で引く。また，穴墨・あり墨などの墨線も短手（妻手）側で引く。（図5のように長手側で引くこともある。）（図5，図6，参考図） 2．短手（妻手）長さ以上の墨線を引く場合は，長手を使う。	図6　墨線の引き方
4	墨線の回し方	1．隣りあった凹2面を基準面と決める。（図7（1）） 2．それぞれの面の墨線は基準面に長手を掛けて，墨線を引く。（図7）	（1）基準面　上端／基準面　側面 （2）基準面　上端／基準面　側面 （3）側面／基準面　上端 （4）基準面　側面／下端 （5）下端／側面 図7　さしがねの当て方
備考	順手　　逆手　　参考図		

				番号	No.3
作業名	のこぎりの使い方（1）		主眼点	角材の横びき	

図1　のこぎりをひく姿勢	材料及び器工具など
	角材（120×120×1800） 両刃のこぎり（270mm），工作台

番号	作業順序	要　点	図　解
1	材を据え付ける	1．材を工作台の上に水平に据える。 2．横びきする近くに工作台を設置する。（図1）	
2	ひき込み位置と角度を定める	1．右手でのこぎりを持ち，第1関節をのこ身に当て，のこぎりの刃先を切墨に合わせ垂直に立てる。 2．必要とする材側の墨を半分残すように，のこぎりの刃の位置を決める。 3．切墨に従い，直線に動かしてひき目を付ける。（図2）	図2　切墨に合わせる
3	ひき込み姿勢をとる	1．材の手前角を左足で，上から押さえる。 2．右足を前足の後へ同じ直線上の位置に置く。（図1） 3．腰を曲げて上半身を前方に倒す。	
4	ひき始める	1．ひき始めは，元刃の部分を使用し，のこぎりを15～20°の角度で，外角の切墨と，上端の墨をかね手にゆっくりとひき込む。（図3） 2．基本の角度は45°とする。（図1，図4）	図3　ひき始めの角度
5	ひき込み速度を速める	1．左手を柄頭に持ち添えて，両手で力を入れながら，ひき込み速度を増していく。 2．のこぎりの角度をわずかに変えながら，上端，側面を交互にひき込む。（図4，参考図） 3．のこぎりの歯先により，多少の曲りぐせが出たときは，のこぎりの柄の握りをわずかにねじるように力を加えて曲りを防ぐ。	図4　のこぎりのひき方
6	ひき終わる	1．両手で軽くひき込み速度は均等に。 2．速度を緩め，右手で軽くひき込み，左手で切り落とし部を支えて，落下時の割れを防ぐ。	

備考

参考図（ひき始め／ひき終わり）

				番号	No.4
作業名		のこぎりの使い方（2）	主眼点		角材の縦びき

材料及び器工具など
角材（120×120×1800） 両刃のこぎり（270mm），工作台

図1　縦びきの姿勢

番号	作業順序	要　点	図　解
1	材を据え付ける	1．図1のような工作台の上に，墨付けした材を水平に据える 2．材の木口が工作台からあまり離れない位置に据える。	図2　ひき始め
2	ひき込みの姿勢をとる	1．材を右足で押さえ，左足を工作台の上に置く。 2．ひき始めは片手で，元刃部分を使用し，15～20°程度の角度で少しずつ切る。 3．両手でのこぎりを持ち，体の中心で構えてひき込む。 4．腰を曲げて上半身を前に倒す。	
3	ひき始める	1．縦びきのこぎりをねかすか，起こした角度（15～20°程度）でひき込む。（図2） 2．斜めのひき込みが下端に出るまでひき込む。（図3）	図3　材の表面をひく
4	ひき込み速度を速める	1．材の上下面を裏返して，墨どおりにひき込み，力とひき込み速度を増していく。（図4） 2．ひき込みが曲る場合は，上下面の裏返しを多くして，曲りを防ぐ。	図4　材の裏面をひく
5	ひき終わり	材の上下墨に合わせるように，のこぎりを垂直にしてひき込む。（図5）	図5　ひき終わり
備考			

番号	No.5-1
作業名	のこぎりの目立て
主眼点	目立ての仕方

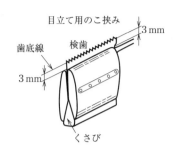
図1 のこ身の固定法

図2 刃先のすり減らし

材料及び器工具など

のこぎり，刃づち，金床，のこ挟み，目立てやすり，目振り器，小げんのう，上目やすり

番号	作業順序	要　点	図　解
1	のこぎりを挟む	1．刃底線から3mmくらい出して，のこ挟みに挟む。（図1） 2．振動しないように，くさびでしっかりと締める。	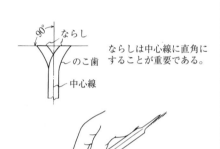
2	刃先をすり減らす	1．目立てやすりをのこ身に直角に当て，末歯から元歯のほうへすり減らす。（図2，図3） 2．刃先線はやや中高（1～2mm）にすり減らす。	
3	あさりを整える	1．左右均等に振り分ける。（図4） 2．あさりの量は，のこ身厚さの1.3～1.8倍にする。	横挽き歯は末身をよけいにならす。縦挽き歯は本身をよけいにならす。
4	姿勢をとる	のこ挟みを工作台などに立てかけ，足でしっかりと押える。（図5）	図3 歯先のならし
5	縦びきの目立て下歯・上歯をする	1．やすりをのこ身と直角に，軽く，水平に，均等に回数を決めて，白い刃先がなくなるまでする。 2．切削角を正しく，歯底へのすり込みを均一にし，歯底線をそろえる。（図6）	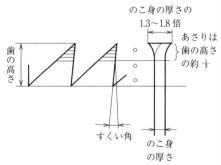
6	横びきの目立て下歯・上歯をする	1．図のようにやすりを当てて，下歯・上歯を同時にする。（図7） 2．すり込み角度を正しく，1歯おきにする。 3．刃底へのすり込みを均一にして，刃底線をそろえる。 4．反対面から上記と同じ要領でする。	図4 あさりの寸法
7	横びきの目立て上目をする	1．上目やすりは，下から上に向けて下歯に当てないようにして，1歯おきにする。 2．反対面から同じ要領でする。	
8	ばりを取る	歯ならびの両側に出たばりをやすりで軽く取る。	

図5 目立ての姿勢

出所：（図3）永雄五十太著「図でわかる大工道具」（株）オーム社，2014，pp51～52

番号	No.5-2
作業名	のこぎりの目立て
主眼点	目立ての仕方

図6 縦びきの目立て　　　図7 横びきの目立て

1. 刃づちであさりを振り分けるときは，手首を軸に刃づちの重さを利用して打力を均一に，打ち数を決めてたたく。
2. 目立てやすりは上歯，下歯同時にすれる大きさのものを用意しておく。
3. 上目やすりは，両刃先を砥石でつぶしたものを用い，下歯に傷が付くのを防ぐ。（参考図2）
4. 縦びきと横びきのこ歯先角を，参考図3と参考図4に示す。

参考図1　あさりの振り分け

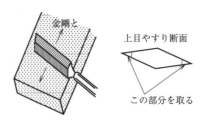

参考図2　上目やすりの先端の処理

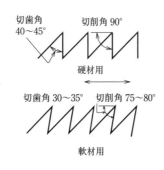

参考図3　縦びき

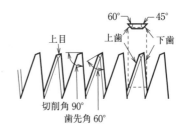

参考図4　横びき

番号	No.6

作業名	ほぞ穴掘り	主眼点	のみによるほぞ穴掘り

材料及び器工具など

角材（120×120×1800），大げんのう
たたきのみ　3本
　　42mm（平のみ）
　　24mm
　　15mm～18mm
工作台

図1　ほぞ穴掘り作業の場合

番号	作業順序	要　　点
1	材を据え付ける	1．墨付けした材を工作台の上に水平に据える。 2．穴墨位置の近くに，工作台を入れる。
2	姿勢をとる	1．掘る穴の手前に図1のように腰を掛ける。 2．材をまたいで腰を下ろさない（足は材料のげんのう持ち手側に置く）。
3	墨を確かめる	通し穴か，掘り止めかを見定める。
4	穴の口切りをする	1．穴の周囲の墨を中心に，切り込みは手でさらい堀りできる程度内側にのみの刃を当てて，繊維直交方向はたたきのみ（24mm），繊維方向はたたきのみ（42mm）で軽くたたいて切り込みを付ける。 2．のみは，基本的に材の残る側に裏を向けて使用する。
5	掘り起こす	1．たたきのみで口切りより3mmほど内側に立てて，げんのう1打で切り込みを付ける。　　（図2（1）） 2．手前側口切りより4～5mmに裏刃を手前に向けて，げんのう2打で切り込みを付ける。　　（図2（2）） 3．向う側口切りより10mmほどに裏刃を手前に向けて2打で切り込みを付け，同時にのみをこじり，こっぱを起こす。　　（図2（3）） 4．1．～3．を繰り返して穴の深さ1/2まで掘り，向こう側口切りより10mmの掘り残しを裏刃を向うにして掘りくずす。　　（図2（6）） 5．材を裏返して1．～4．を行い，口切りより3mmほど小さい穴を貫通させる。 6．その他のほぞ穴を掘り起こす方法もある。（図3）
6	さらい掘りする	1．長手墨線は残さずに穴の側面をえぐり込まないように，平面に平のみで仕上げる。 2．穴のほぞ幅墨は，墨線を半分残して，中心部がやや出ている程度にたたきのみ（24mm）で仕上げる。（参考図1） 3．ほぞの差し込みを堅くする場合は木口の中ほどを出っ張らす。　　（参考図2）
備考	参考図1　0.2mm　0.2mm　　参考図2　0.7mm　0.7mm	

図2　ほぞ穴の掘り起こしの順序1

図3　ほぞ穴の掘り起こしの順序2

			番号	No.7-1
作業名	のみの手入れ		主眼点	かつらのはめ方

材料及び器工具など

のみ（手入れ対象），かつら，丸やすり，台木，小げんのう，四分一げんのう，のみ（15mm），万力，金床

図1　のみ束とかつらのはめ方

番号	作業順序	要　点	図　解
1	準備をする	1. 新しいかつらは，のみ束よりやや小さめのものを選んでおく。 2. もし，束が裂けているときは，悪い部分を切り落としておく。	
2	のみ束からかつらを外す	1. 束と小げんのうを握り，四分一げんのうで束頭をたたく。　　　　　　　　　　　　　　　（図2） 2. かつらが緩んできたら，図3のように小げんのうでかつらをたたいて外す。　　　　　（図3）	図2　かつらの外し方
3	かつらの内側を削る	1. かつらを万力に固定する。 2. 新しいかつらは，丸やすりで削り込む。　（図4） 3. かつらの内側のばりがあるときは，ばり取りを先に行い，丸やすりで削り込む。　　　　　　　（図4） 4. 内側中央部が中高になるように削り，且つなめらかな削りとする。 5. 下部削り角度は20〜25°，上部削り角度は30〜35°とする。 6. のみ束にかつらをはめて，固さを確認する。 7. のみ束にかつらをはめて，束とかつらとの隙間が一定で均一な状態になっているかを確認する。	図3　かつらの外し方 図4　かつらの内側の削り方
4	のみ束を修正する	1. 束頭にばりがあるときは，のみの裏刃の縁を使い，取り除く。　　　　　　　　　　　　　　（図5） 2. 作業順序1，2で悪い部分を切り落としたときは，のみ束が太くなるので，のみで削り修正をする。	図5　のみ束の修正
5	のみ束を木殺しする	金床の上で，のみ束を回しながら小げんのうで軽くたたきながら，木殺しをする。　　　　　　（図6）	図6　のみ束の木殺し
備考			

番号		No.7-2

作業名		のみの手入れ	主眼点	かつらのはめ方
番号	作業順序	要　点		図　解
6	かつらを入れてたたく	1．のみ束にかつらを入れて，固さを調べる。 2．台木にのみを垂直に立て，かつらが束頭より2～3mm程度まで下げる。　　　　　　　　　　　（図7） 3．かつらより出ている部分を小げんのうで，内側から外側に向かってたたく。　　　　　　　（図8） 4．束頭が中高になるように，たたき慣らす。（図9）		図7　かつらを束頭より下げる 図8　束頭の中高に慣らす 図9　束頭の形状
7	かつらを調べる	かつらが斜めになっていないかを調べる。曲がっていたなら，作業順序6の要領で曲がりを修正する。		

備考

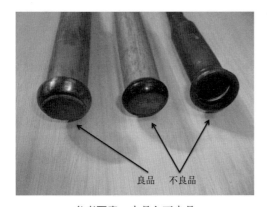

参考写真　良品と不良品

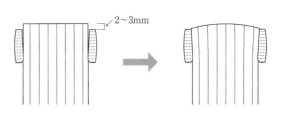

参考図

番号	No.8
作業名	のみの研ぎ方（1）	主眼点	裏 押 し

図1　のみの裏

材料及び器工具など

金盤，金剛砂，たたきのみ，押し棒

番号	作業順序	要　点	図　解
1	準備する	1．金盤を固定する。 2．金盤上に金剛砂を中央に集めて載せる。（図2） 3．水を2～3滴たらす。	図2　金剛砂を置く
2	姿勢をとる	1．金盤の先端まで両手を伸ばして届くところに，正面に両ひざをついて体を決める。 2．幅の広いのみは，当て木を添えて，両手で握る。（図3） 3．幅の狭いのみは，右手で束を握り，左手の中指と人差し指で，切れ刃近くに載せる。（図4） 4．幅の狭いのみは，金盤に30～40°くらい傾けて，のみを転がさないようにする。（図5）	図3　当て木を添えて研ぐ 図4のみに対する手の添え方
3	研ぐ	1．最初は金剛砂を金盤に押し込むようにする。 2．なじんだところで，全面を使ってゆっくりならす。 3．刃先をぐらつかせないようにしながら，力を入れて研ぐ。	30～40° 幅の狭いのみ （18mm以下） 金盤
4	研ぎ上げる	1．たたきのみと金盤に付着した荒い粒の金剛砂を全部払って，金盤上に水を1滴たらし，盤面の湿りがなくなる寸前まで，押しを繰り返す。 2．全体が鏡のようになるまで研ぐ。特に，刃先付近の傷は完全に取る。	図5　金盤に対するのみの角度
備考	1．「のみはべた裏」というくらいで，刃裏はかんな刃よりはるかに多いが，全面平らなのはよくない。 2．特に，突きのみは刃裏全体が反りぎみであり，刃先近くより順に平らに（刃裏を付ける）していく。 3．裏押しにダイヤモンド砥石が用いられることがある。		

出所：（図2）（独）雇用・能力開発機構　職業能力開発総合大学校　能力開発研究センター編
「木材加工系実技教科書」（社）雇用問題研究会，2009，p39，図2

作業名	のみの研ぎ方（2）	主眼点	研ぎ方

番号	No.9-1

材料及び器工具など

たたきのみ，荒砥石，中砥石，仕上げ砥石

図1　研ぎの姿勢

番号	作業順序	要点	図解
1	準備する	1．のみの刃の片方が落ちているときは，両頭研削盤（グラインダ）で荒研ぎして，おおむね直しておく。No.37参照 2．あらかじめ研ぎ面は，平滑にしておく。研ぎ面はきれいに洗う。 3．砥石を，動かないように固定しておく。 4．砥石を平面に直す。	図2　のみの当て方 砥石に対してやや斜めに
2	中砥石を据えて水を注ぐ	1．砥石の表面は，ごみなどをよく洗い流し，きれいにしてから研ぐ。 2．砥石に水を注ぐときは，素手で注ぎ，決してのみを水に持っていかない。2人以上で作業をすると，危険である。また，束に水を掛けないように注意する。	
3	姿勢をとる	1．砥石の正面に立ち，左足を前に右足を1歩引く。 2．のみを持ち，刃先角を所定の角度として，砥石の先のほうにやや斜めに向ける。　　　　（図1，図2）	図3　動かす長さ のみ幅の約2～3倍くらいの長さから砥石半分の長さ のみ幅
4	のみ刃を前後させる	1．作業順序3の姿勢を保ったまま，向こうへ押すとき力を入れ，引くときは力を少し抜いて研ぐ。 2．研ぐ場所は，砥石の向こう側の部分で，のみ幅の約2～3倍くらいから砥石半分の長さの距離を前後させる。1箇所だけで研ぐと，砥石がくぼむので，砥石の全面を使いながら研ぐ。　　　　　（図3） 3．刃先角を正しく保ちながら，刃先が斜めにならないように刃先の左右均等に力を入れて研ぐ。　　　　　　　　　　　　　　　　　（図1，図4）	図4　刃先の形状 90° 刃先が正しくなるように斜めにならないように研ぐ
5	刃がえりを見る	1．刃裏の刃先線を直角に指の腹でなでる。 2．のみ幅一様に刃がえりしているかを見る。	裏刃の研ぎ方
6	仕上げ研ぎをする	1．仕上げ砥石を据え，作業順序2の要領で水を注ぎ，しのぎ面から研ぎ汁をためながらゆっくりと研ぐ。 2．刃裏を仕上げ砥石の面に密着させて，2～3回前後して刃がえりを取る。 3．研ぎ汁をためながら作業順序4の要領で，しのぎ面を7回，刃裏を3回くらいの割合で研ぎ合わす。 4．しのぎ面の鋼が均一に，鏡のようになるまで研ぐ。	図5　裏刃の研ぎ方

作業名	のみの研ぎ方（2）	主眼点	研ぎ方

番号　No.9-2

1. のみのしのぎ面の研ぎ方は，用途によってさまざまであるが，建具の組子穴などを掘る場合は，すき取りをすることがある。
2. 正しい研ぎ角度は30°程度であるが，参考図のとおり丸刃，小切れ，大切れになってしまうので，日ごろから注意をし研ぐように心がける。

（参考図：すき取り，丸刃，小切れ，大切れ）

備考

しのぎ面の修正方法
1. 丸刃の直し方は，正しい研ぎ角度に構え，研ぐ距離を極端に短くし，しのぎ面に正しい面が確立するまで，根気強く研ぐこと。正しい面が得られたなら，研ぐ距離をわずかずつ長くしていき，正しいしのぎ面をひろげるようにする。
2. 小切れの直し方は，荒砥石又はグラインダで正しい角度に修正する。研ぐ位置のチェックをし，心もち砥石から離れ研ぐようにする。また，刃まくれを早く出そうと焦らないこと。
3. 大切れの直し方は，研ぐ位置のチェックをし，心もち砥石に近づき研ぐようにし，とづら面と刃先の密着に注意しながら研ぐ。チェック方法としては，研ぎ汁を前に前に押し出すようにする。

				番号	No.10
作業名		かんな刃の出し入れ	主眼点		かんな刃の出し方と抜き方

図1 かんな刃の出し入れ
(a) 抜き方　　(b) 出し方

材料及び器工具など

かんな，小げんのう，木づち

番号	作業順序	要　点	図　解
1	かんな刃を抜く	1．かんな台の上端を左手で持ち，人差し指をかんな刃に押し付けるように掛ける。（図1（a）） 2．小げんのうで，台頭の両端を交互に，仕込み角度と平行に音が変わるまでたたく。（図1（a）） 3．かんな刃と裏座を抜き，かんな刃は刃裏を上にして置く。	図2　かんな刃の調整
2	かんな刃を出す	1．かんなを左手で台頭を右に向けて持つ。（図1（b）） 2．かんな身の頭の中心を出過ぎないように軽くたたく。 3．裏座を軽くたたく。 4．台を返して台尻よりに水平に見通しながら刃が出過ぎないように，刃の出が左右均等になるようにたたく。（図2，図3） 5．裏座は，かんな刃の刃裏先よりもわずかに引っ込みかげんになるように軽くたたいて合わせる。（図4） 裏座の刃先とかんな刃の刃先との差 | 荒しこかんな | 中しこかんな | 仕上げかんな | | 0.5mm | 0.35mm | 0.25mm以下 | 6．裏座を合わせるときに刃先が出過ぎたら，また調整しなおす。	図3　かんな刃の出 図4　かんな刃の裏座の調整

備考

かんな刃と下端を合わせることによって正しく削れる。

参考図

				番号	No.11
作業名		かんな削り（1）	主眼点		薄板の仕上げ削り

材料及び器工具など

薄板（15×150×2000），削り台，荒しこかんな，中しこかんな，仕上げかんな，小げんのう

図1　削る方向

番号	作業順序	要　　　点	図　　　解
1	削り台を据え付ける	1．削り台は，幅の広い厚い材を平らに削ったものを用いる。 2．削り台は，ほぼ腰高にして，がたつかないようにしっかりと据え付ける。 3．台尻に，滑り止め（羽根虫など）を取り付ける。（図2）	図2　羽根虫
2	荒削り（むら削り）をする	1．板の木口の年輪で，木表，木裏を見定めて，削る方向を決める。（図1） 2．荒しこかんなで，さか目を起こさないように，むら取り削りをする。 3．おうとつ（凹凸）のある板では，裏面もむら取り削りをする。（図3）	図3　荒削り
3	中しこ削りをする	1．かんなは，刃先が直線になっている中しこかんなを用いる。 2．裏座を締めて，さか目が残らないよう，むら取り削りをする。 3．板の全長に通して，中しこ削りをする。（図4）	
4	仕上げ削りをする	1．かんな刃は，直線に中研ぎして刃先を合わせ，砥石で両耳をわずかに丸みを付けて，仕上げ研ぎする。 2．かんな台は，わずかに反り台にする。 3．板面に押し付けながら，真っすぐに一定の速度で引っ張る。 4．削りくずは，幅の広いのができるようにかんなを調整して仕上げる。 5．仕上げ面を光に透かして見て，かんな幅の削り継ぎが出ないように，できるだけ1回で削り，仕上げる。	図4　中しこ・仕上げ削り
備考	（注意）かんなを握った指先を，台下端から出すと指を痛めるから注意する。		

				番号	No.12
作業名		かんな削り（2）	主眼点		かんなの持ち方と削り動作

材料及び器工具など

平かんな，小げんのう，削り台，材料

図1　かんな削りの姿勢

番号	作業順序	要　点	図　解
1	かんなの持ち方と立ち方	1．左足を前に，右足を後ろに半歩くらい開き，下腹部と腰に十分力を入れて，腰を落ち着ける。 2．上体を少し前方にかがめ，かんな穂の頭を左手で丸く包むように軽く握る。右手は台尻と甲穴の真ん中くらいの位置をしっかりと握る。　　　　　（図2）	図2　かんなの握り方
2	かんなの引き方	1．左足に重心を掛け，前傾姿勢で削り始め，後方へ引くと同時に右足に重心がかかるように動作する。このとき，右手でかんなを材料の表面に押し付けながら，左手でかんなを手前に引っ張る。 2．腕力だけで削るのではなく，上肢と上半身をともに働かせて，腰で調子をとるような気持ちで削る。 3．一度削り終われば，かんなを前方に押し戻して，第2段の削り姿勢に移り，これを反復して行う（荒削り，仕上げ削りのやり方は，No.11参照）。 　仕上げ削りは，かんなまくらなどに注意して削る。 4．足の運びは，荒削り，仕上げ削りによって異なる。荒削りは，後ろ向きで1歩ずつ止まりながら行う。仕上げ削りは，後ろ向きで歩きながら，一気に引き通すように削る。	

備考

削り始め

削り

削り終わり

参考図

				番号	No.13
作業名		かんな削り（3）	主眼点		角材の正角削り

材料及び器工具など

角材（120×120×1800），削り台，削り台うま，直角定規，さしがね，墨つぼ，墨さし，小げんのう，荒しこかんな，中しこかんな，仕上げかんな

図1　削り台と材料の設置

番号	作業順序	要　　点	図　　解
1	削り台を据え付ける	1. ねじれない削り台を自分の腰の高さより約200mm低い位置で，前を高くし，しっかりと据え付ける。 2. 削り台に材の滑り止めを取り付ける。（図1）	（1）削り台より平行に寸法を取る　（2）削りしろの面を取る
2	第1基準面を削る	1. むくりが一番大きい面を第1基準面とする。 2. 両端に削り台より，平行な削り基準面をさしがねで出す。（図1，図2（1）） 3. 第1基準面の両側面に削り仕上げ面を墨打ちする。（図3） 4. 荒しこかんなで，むくりの高いところ，ねじれの高いところから削り，仕上げかんなで基準墨に合わせて材の長さを通して削る。（図2（2），（3））	（3）第1基準面の削りしろ　（4）第2基準面を設定する
3	第2基準面を削る	1. 第1基準面に隣接し，むくりのある面を第2基準面とする。（図2（4）） 2. 第1基準面と直角になる墨を両端に出し，第1基準面と裏面に削り仕上げ面を墨打ちする。（図3） 3. 前述の4.を行う。	（5）第3面を設定する　（6）第4面を設定する 図2　基準面の設定
4	他面を削る	1. 両端に材料幅の最大値，又は指定寸法を基準面から取り，削り面を墨打ちする。（図2（5），（6）） 2. 第1，第2基準面の削りと同様に行う。	両側面に仕上げ墨を打ち，仕上げ墨まで面を取る 図3　削り面の墨打ち
5	仕上げる	1. かんなは上から押し付けながら削る。 2. 長い材ではかんなの引きの速さに合わせて，後ろへ歩きながら削る。 3. 仕上げかんなで，材の全体を通して削りくずが切れないように削る。	図4　削る姿勢
備考		1. 節のある材は，刃の仕込みの堅いかんなを用いる。 2. 中しこ削りで節があるときは，節を水で湿らせる。 3. 荒しこかんな，中かんな，仕上げかんなを使い分ける。	

番号	No.14
作業名	かんな刃の研ぎ方（1）
主眼点	かんな刃の裏打ちの仕方

材料及び器工具など

かんな刃（穂），小げんのう，金床，中砥石

図1　かんな刃とげんのうの持ち方

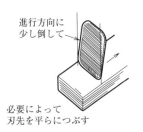
図2　かんな刃の当て方

番号	作業順序	要　点	図　解
1	準備する	1．かんな刃は，かんな台下端に合わせて，刃先を平らな中砥石でつぶす。（図2） 2．金床は，丸いほうを手前にして置く。 3．金床は動かないようにしっかり固定する。	図3　げんのうの当て方
2	姿勢をとる	1．金床の前にあぐら座りをする。 2．かんな刃は親指を刃表から，他の指は刃裏側から回してつかみ，指は刃先線と平行にまっすぐに伸ばしておく。 3．利き手にげんのうを持ち，ひじは脇に付ける。 4．しのぎ面を軽くたたきながら，げんのうの位置を決め，音もよく確かめる。（図3）	
3	裏打ちする	1．裏切れのところを重点に，げんのうの角でげんのうを押し付けるような感じで，しのぎ面の2/3くらいのところをたたく。（図4） 2．かんな刃と金床を密着させ，人差し指をガイドにして位置を決め，その密着したところをたたく。（図4） 3．たたく位置を変えるときは，げんのうの位置はそのままにして，かんな刃を左右に動かす。	図4　げんのうの当てる位置
4	出を調べる	1．かんな刃を横にして，刃裏のほうが中高になっているかを調べる。（図5） 2．中高になっていないときは，作業順序2～3を繰り返す。	図5　刃先の状態確認
備考	1．No.17の裏押しを一度行ったあと，かんなの裏の状態を確認をし，参考図2裏押しを参考に作業順序2～3を行う。 2．裏打ちは，かんな刃や幅広のみには行うが，幅の狭いのみなどには行わない。 　参考図1　裏切れ状態　　　参考図2　裏押し		

番号	No.15
作業名	かんな刃の研ぎ方（2）
主眼点	かんな刃の裏押し
材料及び器工具など	かんな刃，金鋼砂，金盤，押し棒

図1　裏押しの姿勢

番号	作業順序	要　点	図　解
1	準備する	金盤は台を付けて固定し，容易に動かないように置く。	
2	金鋼砂をまく	1．金鋼砂をひとつまみほど集めて載せる（最初は大豆くらい，補充は小豆くらい）。 2．金盤の上に水を1〜2滴たらす。	 糸裏　　べた裏 図2　刃裏の状態
3	姿勢をとる	図1のように押し棒を表刃の中央に当て，右手で押し棒と穂頭部を握り，左手で押し棒の他端を握る。	
4	金鋼砂をならす	金盤上の金鋼砂をかんなの刃裏のほうで押しながらじゃりじゃりといわなくなるまですりつぶす。 金鋼砂を研ぎ面（研ぐ部分）にまんべんなく敷く感じでならす。	この部分の研ぎ下ろしが重点 すでにある刃裏は仕込みの堅さに影響するので研ぎは最小限にする 研ぎ面が平らでないと乱反射する
5	刃裏を押す	かんな刃は金盤のやや右寄りに置き，刃裏の刃先が浮かないように先端に力を入れる。押すとき力を入れ，引くとき少し力を抜きかげんにして研ぐ。	
6	糸裏に出たか調べる	刃裏の刃先がむらなく押されているかを調べる。 （図2，図3）	 光線を当てて平滑度を見分ける　鈍い光沢では平滑ではない 図3　刃裏の状態
7	仕上げる	かんなと金盤に付着した荒い粒の金鋼砂を全部払って，金盤上に水を1滴たらし，盤面の湿りがなくなるまで，一気に押し上げる。 鏡のようになるまで研ぐ。	

備考

1．刃裏の傷やさび跡は，すべて刃こぼれになるので，いつも平滑に手入れしておく。
2．刃物研ぎの順序は，表1のとおりである。

表1　研磨の順序

工程 種別	新しい 刃物	裏の切れた刃物	刃先の欠損	刃先の大摩耗	刃先の小摩耗	備　考
グラインダ研ぎ			○			焼きを戻さぬように減らす（必要最小限）
金とで裏研ぎ	○	○				焼きを戻さぬように減らす（必要最小限）
荒研ぎ	○	○	○	○		鏡のような光沢が一様になるまで研ぐ
中研ぎ	○	○	○	○	○	刃こぼれをつくらぬまで研ぐ
合わせ研ぎ	○	○	○	○	○	裏と表を平均に研ぐ

			番号	No.16
作業名	かんな刃の研ぎ方（3）	主眼点		かんな刃の研ぎ方

図1　研ぎの姿勢
図2
図3　砥石面に押しやける
図4　切れ刃の研ぎ方

材料及び器工具など

かんな刃，荒砥石，中砥石，仕上げ砥石，ウエス

番号	作業順序	要　点	図　解
1	準備する	1．砥石を固定する。動くとよく研げないし，けがをしやすい。 2．砥面を平らにしておく。 3．片研ぎになっているかんな刃は，修正しておく。 4．通常は，中研ぎ→仕上げ研ぎの順である。	図5　刃表の研ぎ方
2	中砥石を据えて水を注ぐ	1．砥石の表面は，ごみなどをよく洗い流し，きれいにしてから研ぐ。 2．砥石に水を注ぐときは，素手で注ぐ。決してかんな刃を水に持っていってはならない。2人以上が近接して作業すると，危険である。	
3	姿勢をとる	1．砥石の先端まで両手を伸ばして届くように位置し，片ひざを折り，片方を折り曲げる。（図1） 2．かんな刃を握り，しのぎ面の刃先のところをしっかり押す。（図2，図3，図4）	図6　刃裏の刃がえり
4	かんな刃を前後させる	1．作業順序3の姿勢を保ちつつ，かんな刃を押すときは，力を入れ，引くときは力を少し抜いて研ぐ。 2．向こう側へ押すときは，砥石面からかんな刃が出るくらい持っていく。手前側は砥石の端20mmくらいのところまで引く。 3．刃先角を正しく保ったまま左右の指に同じ力を加え，押しながら研ぐ。	
5	刃がえりを見る	1．刃裏を指の腹で刃先のほうになでて，ざらつきを見る。（図6） 2．刃がえりが同じように出たら仕上げ研ぎをする。刃がえりがなかったら作業順序2～5を繰り返す。	図7　刃裏面の仕上げ
6	仕上げ研ぎをする	1．仕上げ砥石を据え，作業順序2の要領で水を注ぎ，しのぎ面から研ぎ汁をためながらゆっくりと研ぐ。 2．刃裏を仕上げ砥石の面に密着させて，2～3回前後して刃がえりを取る。 3．研ぎ汁をためながら作業順序3～4の要領でしのぎ面を7～8回，刃裏面を密着させて力を抜き，2～3回くらいの割合で研ぎ合わす。 4．しのぎ面の鋼が均一に鏡のようになるまで研ぐ。	備　考 荒研ぎのときは，研ぎ汁をよく洗い流しながら研ぐ。この場合は洗い流すことにより研ぎ面が出る。荒研ぎの場合は刃がえりするまで研ぐと刃先がボロボロになる。
7	水をふき取る	1．かんな刃についている研ぎかすをよく洗って，きれいにする。 2．ウエスで水分をふき取る。	丸刃　大切刃　小切刃　刃先用の目測法 参考図

					番号	No.17
作業名		かんな刃の研ぎ方（4）		主眼点		裏座の研ぎ方と合わせ方

材料及び器工具など

裏座，かんな刃，金盤，小げんのう，金床，中砥石，仕上げ砥石

図1　裏座の当て方

番号	作業順序	要　　　点	図　　解
1	裏押しをする	裏座の裏打ち，裏押しは，かんな刃のそれに準じた方法で研ぐが，押し棒を用いる代わりに親指で裏座のしのぎ面から押し付け，鏡のようになるまで裏押しをする（必要があれば押し棒も使用する）。	
2	2段研ぎする	裏座の研ぎ方は，かんな刃の研ぎ方に準じて研ぐ。仕上げ砥石で合わせるとき，裏座を60～75°くらいに立て，引くときに力を入れて，2段研ぎにして合わせる。（図2）	中研ぎ（荒研ぎ）　仕上げ研ぎ　2段研ぎ 図2　裏座の研ぎ方
3	かんな刃と裏座の刃裏を合わせる	1．かんな刃を水平に置き，その上にかんなを使用する場合と同じように裏座を載せ，刃先を指で軽くたたいてみて，ガタがないか調べる。　（図3） 　音がした場合，音のする対角の耳を立てる。 2．耳の立て方は，低いほうの耳を金床に当てがい，小げんのうを矢印の方向に持っていく気持ちで軽くたたき曲げる。反対方向にたたくと裏座を持つ手のほうにはね返ってくるので危ない。　（図4） 3．ねじれが直るまで繰り返す。	かんな刃と裏座の刃先を平行にし，矢印部分を軽くたたき，ガタの有無を調べる。 図3　かんな刃と裏座の合わせ方 図4　裏座の耳の立て方
備考		1．図2のように2段研ぎの図は，分かるように大きく示してある。 2．裏座の仕込み硬さより，高くするか低くするかを検討する。参考図のようにあまり耳が高過ぎても，かんな削りのとき重く感じる。このようなときは，かんなの裏座止め（こうがい）を少し大きめのものと（丸釘でもよい）取り替える。 3．2枚かんなは，かんなの刃裏と裏座との間にすき間があると，さか目がとまらず良好な削り面は得られない。	このすき間が高いとかんなが重い 参考図

				番号	No.18
作業名		かんな台の手入れ（1）	主眼点		かんな台下端削り

図1 かんな台下端削りの姿勢

材料及び器工具など

かんな，台直しかんな，下端定規，小げんのう

番号	作業順序	要　　点	図　　解
1	かんな刃を引っ込める	1．かんな刃を約2mmくらい下端より引っ込める。 2．裏座を0.2mmくらい，かんな刃より引っ込め，刃先に合わせておく。	（1） （2） （3） （4）
2	下端を調べる	1．定規を点線のように当てて，ねじれを調べる。（図2） 2．高いところを見分け，印を付ける。（図2） 3．（1），（2），（3），（4）の順に調べながら削る。	
3	下端を削る	1．台直しかんなの刃を少なく出し，粉のような削りかすが出るように，調整する。 2．下端を上にして，横ずり方向に置き，左手で台頭を握る。（図1） 3．右手で台直しかんなを軽く持つ。（図1） 4．刃口際の接地部分を平らに削る（基準面となるので，以降は削らないこと）。 5．高い印のところを繊維方向と直角に削る。 6．らせん状にゆっくりと軽く削る。 7．下端定規で調べながら削る。	
4	仕上げる	角面を取る。	図2　定規の当て方

備考

1．下端定規は，定規面が直角に調整されたものを使用する。
2．台直しかんなは，よく研いでおき，刃の出を削れる状態に合わせておく。
3．下端は用途により，下図のように調整する。（矢印は接地面を表す）
4．削り作業を行う前には，必ず行うこと。

（a）荒しこかんな　0.2～0.3mm　0.2～0.3mm
（b）中しこかんな　0.05～0.1mm　0.1～0.2mm
（c）仕上げかんな　0.05～0.1mm　0.05～0.1mm

参考図

作業名	かんな台の手入れ（2）	主眼点	かんな刃の仕込み

番号　No.19

材料及び器工具など

かんな台，光明丹，あぜびきのこ，小げんのう，薄のみ（24mm），大入れのみ（3mm，6mm，36mm），鉛筆

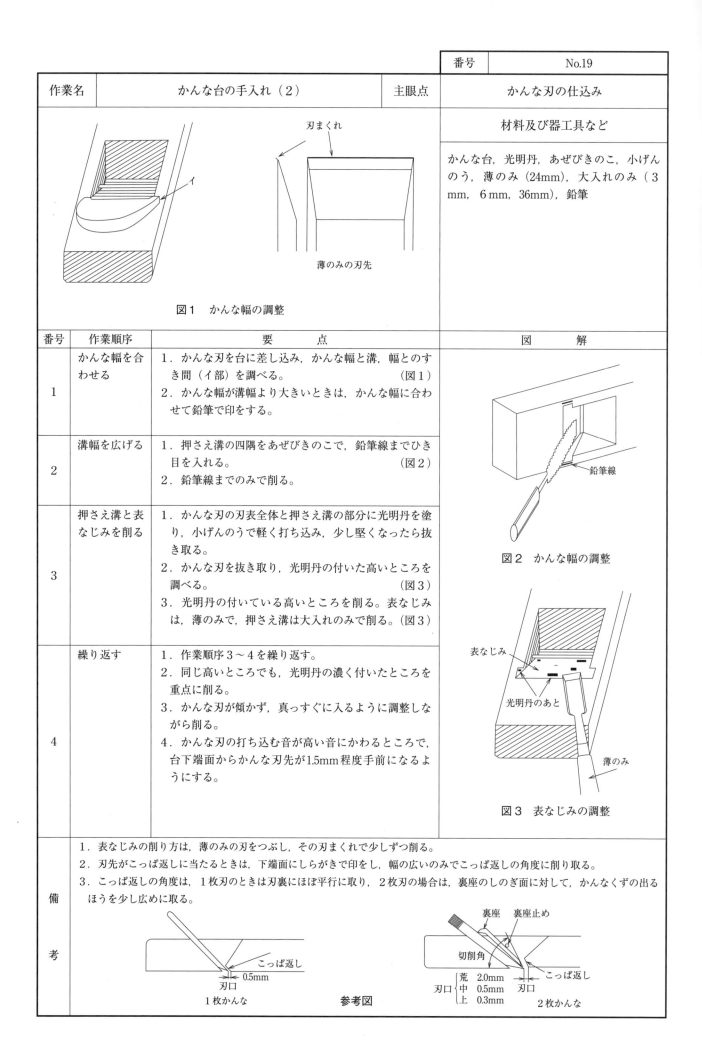

図1　かんな幅の調整

番号	作業順序	要　点	図　解
1	かんな幅を合わせる	1．かんな刃を台に差し込み，かんな幅と溝，幅とのすき間（イ部）を調べる。（図1） 2．かんな幅が溝幅より大きいときは，かんな幅に合わせて鉛筆で印をする。	
2	溝幅を広げる	1．押さえ溝の四隅をあぜびきのこで，鉛筆線までひき目を入れる。（図2） 2．鉛筆線までのみで削る。	図2　かんな幅の調整
3	押さえ溝と表なじみを削る	1．かんな刃の刃表全体と押さえ溝の部分に光明丹を塗り，小げんのうで軽く打ち込み，少し堅くなったら抜き取る。 2．かんな刃を抜き取り，光明丹の付いた高いところを調べる。（図3） 3．光明丹の付いている高いところを削る。表なじみは，薄のみで，押さえ溝は大入れのみで削る。（図3）	
4	繰り返す	1．作業順序3～4を繰り返す。 2．同じ高いところでも，光明丹の濃く付いたところを重点に削る。 3．かんな刃が傾かず，真っすぐに入るように調整しながら削る。 4．かんな刃の打ち込む音が高い音にかわるところで，台下端面からかんな刃先が1.5mm程度手前になるようにする。	図3　表なじみの調整
備考	1．表なじみの削り方は，薄のみの刃をつぶし，その刃まくれで少しずつ削る。 2．刃先がこっぱ返しに当たるときは，下端面にしらがきで印をし，幅の広いのみでこっぱ返しの角度に削り取る。 3．こっぱ返しの角度は，1枚刃のときは刃裏にほぼ平行に取り，2枚刃の場合は，裏座のしのぎ面に対して，かんなくずの出るほうを少し広めに取る。		

参考図

				番号	No.20
作業名	かんな台の手入れ（3）		主眼点	刃口の修正	

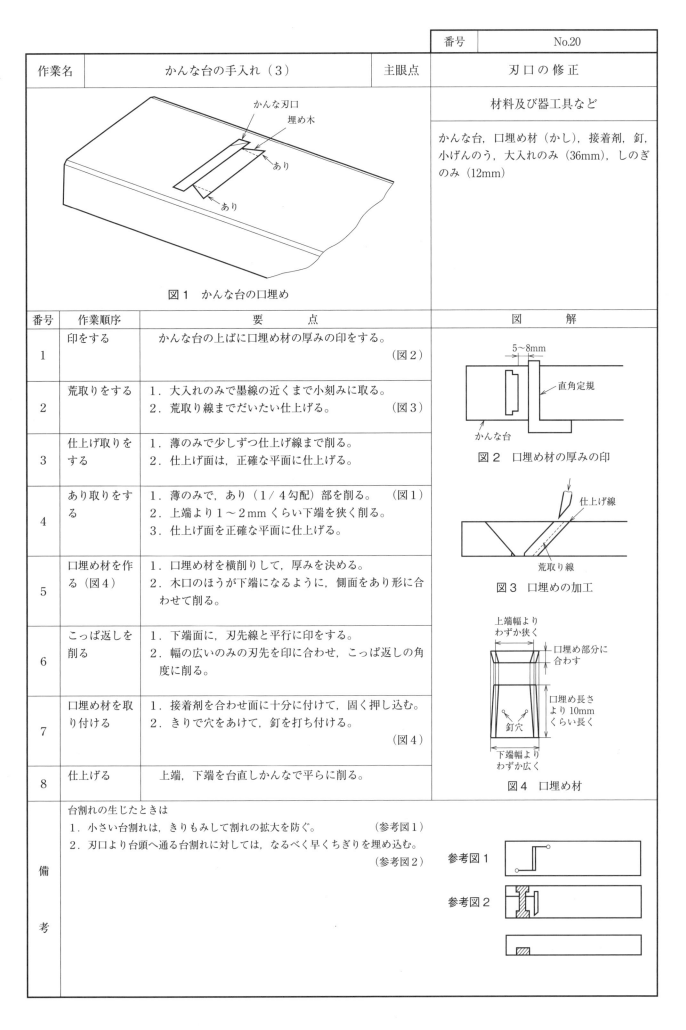

図1 かんな台の口埋め

材料及び器工具など

かんな台，口埋め材（かし），接着剤，釘，小げんのう，大入れのみ（36mm），しのぎのみ（12mm）

番号	作業順序	要　点	図　解
1	印をする	かんな台の上ばに口埋め材の厚みの印をする。（図2）	
2	荒取りをする	1．大入れのみで墨線の近くまで小刻みに取る。 2．荒取り線までだいたい仕上げる。（図3）	図2 口埋め材の厚みの印
3	仕上げ取りをする	1．薄のみで少しずつ仕上げ線まで削る。 2．仕上げ面は，正確な平面に仕上げる。	
4	あり取りをする	1．薄のみで，あり（1/4勾配）部を削る。（図1） 2．上端より1〜2mmくらい下端を狭く削る。 3．仕上げ面を正確な平面に仕上げる。	図3 口埋めの加工
5	口埋め材を作る（図4）	1．口埋め材を横削りして，厚みを決める。 2．木口のほうが下端になるように，側面をあり形に合わせて削る。	
6	こっぱ返しを削る	1．下端面に，刃先線と平行に印をする。 2．幅の広いのみの刃先を印に合わせ，こっぱ返しの角度に削る。	
7	口埋め材を取り付ける	1．接着剤を合わせ面に十分に付けて，固く押し込む。 2．きりで穴をあけて，釘を打ち付ける。（図4）	図4 口埋め材
8	仕上げる	上端，下端を台直しかんなで平らに削る。	
備考	台割れの生じたときは 1．小さい台割れは，きりもみして割れの拡大を防ぐ。（参考図1） 2．刃口より台頭へ通る台割れに対しては，なるべく早くちぎりを埋め込む。（参考図2）		参考図1 参考図2

番号	No.21
作業名	かんな台の手入れ（4）
主眼点	裏座の仕込み

図1　口かんな刃と裏座の合わせ

材料及び器工具など

小げんのう，金床，グラインダ，平やすり（小）

番号	作業順序	要点	図解
1	刃を研ぐ	1．刃角は30°程度又は購入時より鈍角になるようにする。 ①裏押し　②表研ぎ　③刃先押さえ75° （図2） 2．No.14～No.16を参照。	図2　2段研ぎの角度
2	かんな刃と裏座との刃先を合わせる	裏座耳の折り曲げ強さをかげんしながら，かんな刃とのガタをなくす（No.17を参照）。　　　（図3）	図3　裏座の合わせ方
3	裏座止めに裏座表部分を密着させる	1．表部分をグラインダで削る。 　1回ごとに削る箇所の密着度を確認しながら，精密にわずかずつ削る。微調整は，平やすりで行う。 （図4） 2．裏座刃先がかんな刃の刃先と平行になるようにする。　　　（図1） 3．押し込み強さが緩いときは2を繰り返す。	図4　密着の確認
4	押し込み強さを調整する	裏座を指で押し入れたとき，かんな刃の刃先（削れる状態で）との差が5～6mmとなるように裏座耳の折り曲げをかげんする。	
5	所定の引き込み寸法にする	4の状態から裏座をたたき込む場合，かんな刃と裏座が一体音になったとき，所定の引き込み寸法となるよう2，3，4の工程を繰り返す。 （注）一体音の状態から無理に押し込まないこと。	
備考	刃口の調整 1．刃先が刃口に当たるかどうかをみる。 2．刃口に当たるようなときは，その当たり量を目測し，その量だけこっぱ返し面を削る。 3．刃先線と刃口線が平行になるようこっぱ返し面を削る。こっぱ返し面は平滑にする。 （参考）かんなの種別による裏座の引き込み，刃口の広さ，刃の出刃口が4～5mm以上広くなったときは，堅木で口埋めして，かんな台を再生する。		参考図

種別	裏座の引き込み	刃口の広さ	刃の出
荒しこかんな	0.5mm	2mm	0.12mm
中しこかんな	0.35mm	0.5mm	0.06mm
仕上げかんな	0.25mm	0.2mm	0.03mm

				番号	No.22
作業名		かんな台の手入れ（5）	主眼点	裏座止めの入れ方	

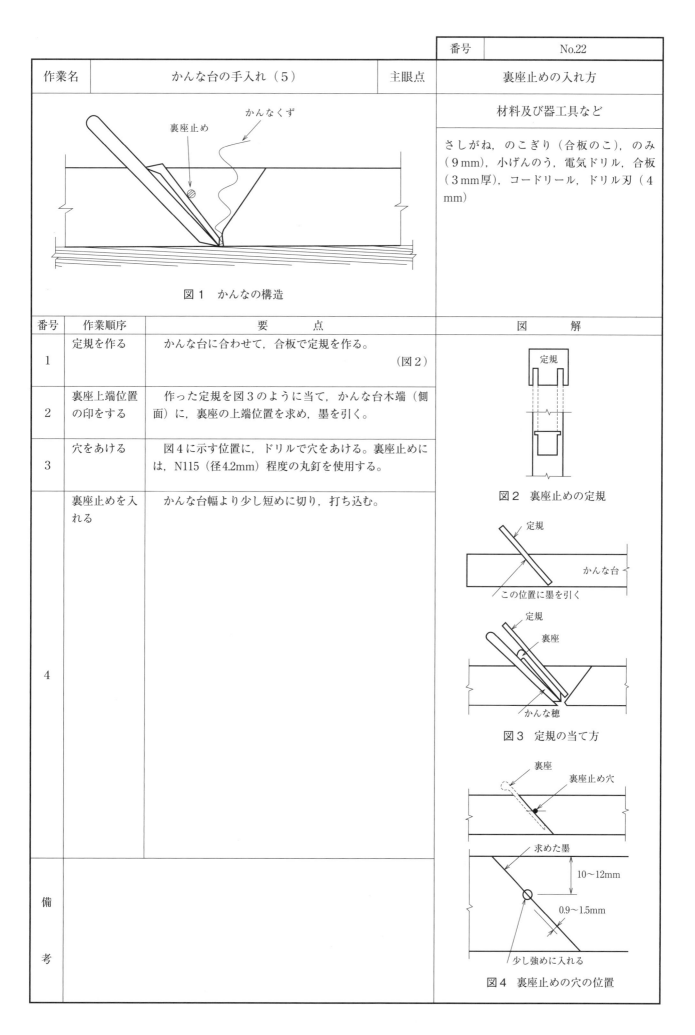

図1　かんなの構造

材料及び器工具など

さしがね，のこぎり（合板のこ），のみ（9mm），小げんのう，電気ドリル，合板（3mm厚），コードリール，ドリル刃（4mm）

番号	作業順序	要　　点
1	定規を作る	かんな台に合わせて，合板で定規を作る。（図2）
2	裏座上端位置の印をする	作った定規を図3のように当て，かんな台木端（側面）に，裏座の上端位置を求め，墨を引く。
3	穴をあける	図4に示す位置に，ドリルで穴をあける。裏座止めには，N115（径4.2mm）程度の丸釘を使用する。
4	裏座止めを入れる	かんな台幅より少し短めに切り，打ち込む。
備考		

図2　裏座止めの定規

図3　定規の当て方

図4　裏座止めの穴の位置

番号	No.23-1
作業名	げんのうの手入れ
主眼点	柄の仕込み

図1　げんのう（各種）

材料及び器工具など

げんのうの柄（新しいもの），かんな，のみ（48mm），大げんのう，小げんのう，さしがね，平やすり（小），金敷，ディバイダ，堅木（かし材）

番号	作業順序	要　点	図　解
1	柄を抜き取る	げんのうの柄を，堅木を使って抜き取る。（図2）	
2	げんのうの穴口の面を取る	銘のあるほうの穴口の面取り（1mmくらい）を，平やすりでする（すでに取ってあるものは，面取りしなくてもよい）。	図2　柄の抜き方
3	穴口の寸法をげんのうの柄に写す	1．穴口の寸法をディバイダに写し，柄小口に写し，墨を出す。（図4） 2．柄小口墨から，頭の傾きを決め，柄側面に墨を出す。この場合，直線型にするか，曲線型にするかを，選択する。（図5）	図3　穴口の面取り
4	柄を削る	1．穴に入る部分の厚みを削る。墨を半分残して正確に平かんなで削る（木殺しをして入れるので墨を半分残す）。 2．穴に入る部分の幅を削る。墨を半分残して正確に平かんなで削る。この削りによって，傾きが決まる。 3．手で握る部分を削る。なつめ型になるように平かんなで削る。（図6） 4．柄全体を削る。柄全体をバランスよく，平かんな，のみで削り，さらにガラス片や紙やすりで磨く。（図7）	図4　穴口の寸法を写す
5	柄を木殺しする	金敷の上に柄を載せて，穴に入る部分を木殺しする。強くたたくと割れるので注意する。（図8）	図5
6	柄を仕込む	柄の先端に面取りし，柄を穴にたたき込む（入りが止まるまでたたき込む）。（図9〜図11）	図6　木口の形状
備考			

- 40 -

番号	No.23-2
作業名	げんのうの手入れ
主眼点	柄の仕込み

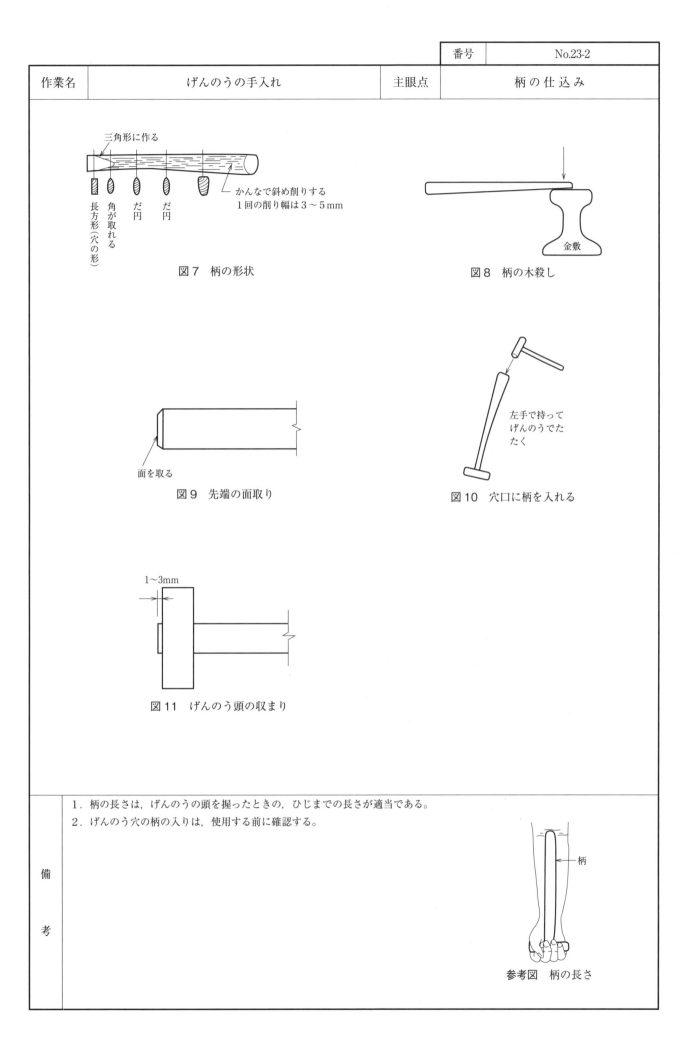

図7　柄の形状

図8　柄の木殺し

図9　先端の面取り

図10　穴口に柄を入れる

図11　げんのう頭の収まり

備考

1．柄の長さは，げんのうの頭を握ったときの，ひじまでの長さが適当である。
2．げんのう穴の柄の入りは，使用する前に確認する。

参考図　柄の長さ

作業名	けびきの使い方	主眼点	けびきによる平行線の引き方

番号　No.24

材料及び器工具など

小角材（30×60×900），筋けびき，小げんのう，さしがね

図1　けびきの引き方　（傾斜 1/10 ぐらい）

図2　けびきの持ち方

番号	作業順序	要点	図解
1	準備する	あらかじめ所要の寸法を決めておく。	
2	くさびを緩める	くさびの緩み方向に小げんのうを平らに当てて，軽くたたきながら緩める。平らに当てないと割れる。（図4）	図3　スケールの合わせ方
3	所要の寸法に合わせる	1. 物差しで寸法を見るときは，けびきの刃先を測る。（図3） 2. さしがねで見るときは，けびきの刃先を測る。（図4） 3. 以上のように測りながら，けびきのさお頭又は，さお尻を軽くたたいて位置を決める。	図4　締め方，緩め方
4	くさびを締める	くさびの締まり方向に小げんのうを平らに当てて，軽くたたきながら堅く締める。（図4）	
5	試しびきする	1. けびきを持ち，定規面を基準面に当て，けびき刃先を軽くけびき材に当てて，手前に引く。（図1，図2） 2. けびきまでの寸法を確かめる。 3. 寸法が違ったら，くさびを少し緩めて微調整する。	図5　けびきを掛ける
6	本びきする	1. 4面ともぐるりとけびきする。（図5） 2. 作業順序5-1の要領で刃先を軽く材に当て，通して引く。あまり強く引くと，引き線がそろわないときがある。	
備考	穴，ほぞのけびきは，参考図1。 鎌けびきは，参考図2。 参考図1　穴，ほぞのけびきの掛け方　　参考図2　鎌けびきの掛け方		

番号	No.25
作業名	ちょうな斫り
主眼点	丸太材のちょうな斫り

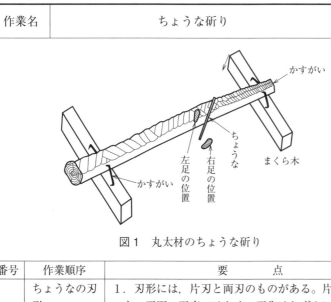

図1　丸太材のちょうな斫り

材料及び器工具など

丸太材，ちょうな，かすがい，大げんのう，まくら木

図　解

図2　ちょうなの刃

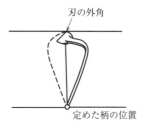

図3　柄の位置

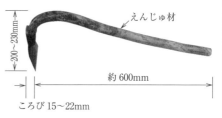

図4　ちょうなの寸法

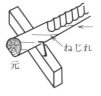

図5　斫る方向

番号	作業順序	要　点
1	ちょうなの刃形	1．刃形には，片刃と両刃のものがある。片刃であっても，平面の刃裏ではなく，刃先はわずかに丸みをもっている。　　　　　　　　　　　　　　　　　（図2） 2．裏刃先に丸みをつけて研ぐと，材に深くくい込まずに切りきずをはねる。
2	ちょうなの柄	1．柄の仕込み方により，刃先の角度が変わる。 2．柄の仕込み角度が悪いと使用できないことがある。 3．置いたとき，右と左と刃先の角が同じ位置になるようになっているのが正しい柄である。　　　　　（図3） 4．柄はえんじゅの若木30〜40mmの太さのものを曲げて用いる。　　　　　　　　　　　　　　　（図4）
3	削り方	1．片足を材の上に掛け，ほかの足を材より離して，体を材と斜めの角度におく。　　　　　　　　　　（図1） 2．股を開いて，両手でちょうなを持ち，体の中心で構える。 3．腰を引いて，ちょうなを材の面にたたきつけるようにして削る。 4．体の位置を材の左右に変えて，削り角度を変えながら材の長手と斜めの刃形に斫る。 5．丸太面の斫り方向は，かんなと同様にさか目立ちがおきないように斫る。　　　　　　　　　　　（図5）

（注意）ちょうな作業は危険な作業であるから，刃の状態，束の形状，取り付けに注意し，姿勢を正しくして作業する。

（参考）ちょうなは，材面を厚く斫り取る場合と，丸太材など一部を斫り加工する作業に使用する。

備考

参考図1

参考図2

番号	No.26
作業名	墨付け用具の使い方（1）
主眼点	墨つぼと墨さしの手入れ

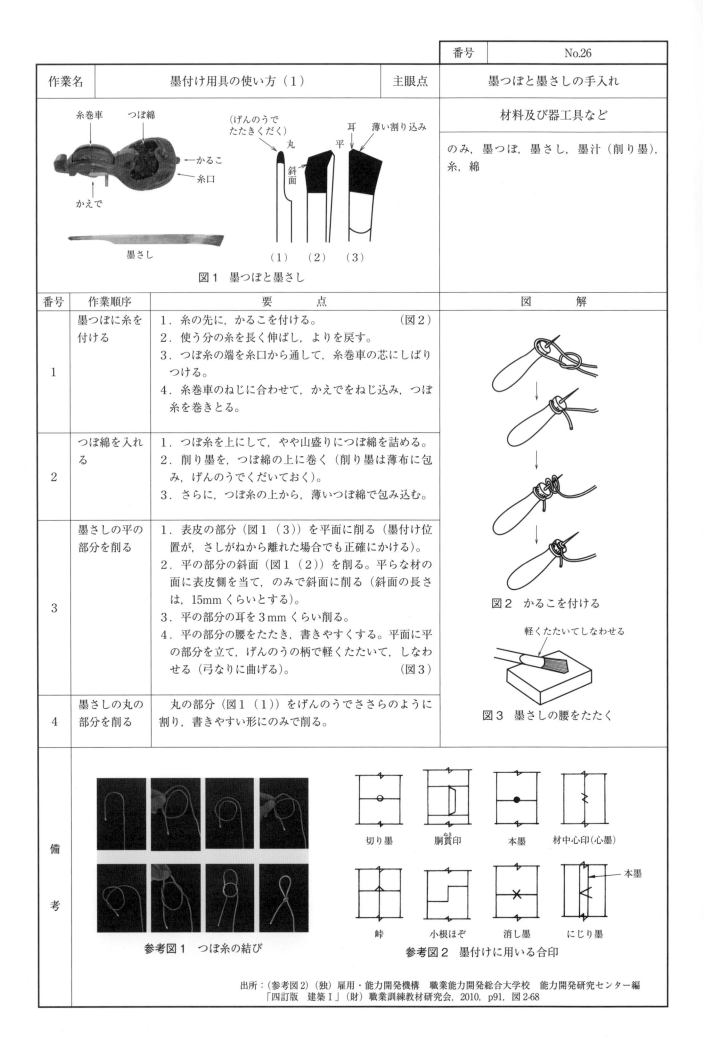

図1　墨つぼと墨さし

材料及び器工具など

のみ，墨つぼ，墨さし，墨汁（削り墨），糸，綿

番号	作業順序	要点	図解
1	墨つぼに糸を付ける	1．糸の先に，かるこを付ける。（図2） 2．使う分の糸を長く伸ばし，よりを戻す。 3．つぼ糸の端を糸口から通して，糸巻車の芯にしばりつける。 4．糸巻車のねじに合わせて，かえでをねじ込み，つぼ糸を巻きとる。	図2　かるこを付ける
2	つぼ綿を入れる	1．つぼ糸を上にして，やや山盛りにつぼ綿を詰める。 2．削り墨を，つぼ綿の上に巻く（削り墨は薄布に包み，げんのうでだいておく）。 3．さらに，つぼ糸の上から，薄いつぼ綿で包み込む。	
3	墨さしの平の部分を削る	1．表皮の部分（図1（3））を平面に削る（墨付け位置が，さしがねから離れた場合でも正確にかける）。 2．平の部分の斜面（図1（2））を削る。平らな材の面に表皮側を当て，のみで斜面に削る（斜面の長さは，15mmくらいとする）。 3．平の部分の耳を3mmくらい削る。 4．平の部分の腰をたたき，書きやすくする。平面に平の部分を立て，げんのうの柄で軽くたたいて，しなわせる（弓なりに曲げる）。（図3）	図3　墨さしの腰をたたく
4	墨さしの丸の部分を削る	丸の部分（図1（1））をげんのうでささらのように割り，書きやすい形にのみで削る。	
備考	参考図1　つぼ糸の結び　　参考図2　墨付けに用いる合印（切り墨，胴貫印，本墨，材中心印（心墨），峠，小根ほぞ，消し墨，にじり墨）		

出所：(参考図2)（独）雇用・能力開発機構　職業能力開発総合大学校　能力開発研究センター編「四訂版　建築Ⅰ」（財）職業訓練教材研究会，2010，p91，図2-68

作業名	墨付け用具の使い方（2）	主眼点	心墨の打ち方，付け方
		番号	No.27

図1　墨打ちの姿勢

材料及び器工具など

角材（90×90），墨つぼ，墨さし，さしがね，尺杖

番号	作業順序	要　点	図　解
1	材の心墨を打つ	1．木取り材の上端面の両端に，材幅の中心を測り心印を付ける。ねじれの少ない場合は案分し，多い場合はねじれを見通して，心墨位置を決める。 2．墨つぼを左手に持ち，右手に墨さしを持ちながらかるこの針に糸を巻き，一方の心墨にさす。 3．墨さしの字を書く部分で墨綿を軽く押さえ，親指で糸巻車を，人差し指でつぼ糸を加減しながら糸を引き，一方の心墨に合わせる。 4．強めに糸を張り，墨つぼを持つ手の人差し指で糸を押さえる。　　　　　　　　　　　　　　（図5） 5．右手でつぼ糸を真上につまみ上げて打ち離し，墨線を付ける。　　　　　　　　　　　　　　（図1） 6．心印を付ける。	図2　ねじれを見る
2	下端面の心墨を打つ	1．材の木口に上端面の心墨と下端面の中心とを結ぶ心墨を付ける。 2．木口心墨に合わせ，さしがね又は定規で，見通し線にする。 3．片木口の上端心墨にさしがねを当て，見通し線が合った位置に心墨を付ける。　　　　　　　（図2） 4．下端面に材の心墨を打ち，間の心墨を付ける。 5．心印を付ける。	図3　尺杖で測る
3	間の心墨を付ける	1．上端面の一端に間取りの心墨位置を決め，尺杖で各割間の位置を測りだす。　　　　　　　　　（図3） 2．間の心墨を付ける。さしがねは，長手の150～200mmのところを持ち，なるべく上端面に近い側面に当てる。　　　　　　　　　　　　　　　（図4） 3．心印を付ける。	図4　心墨を付ける
備考			図5　糸の押え方

				番号	No.28
作業名		心墨の打ち方	主眼点	曲がった丸太材の心墨の打ち方	

図1　丸太材の心墨の打ち方

材料及び器工具など

丸太，のこぎり，かすがい，墨つぼ，墨さし，さしがね，下げ振り，定木

番号	作業順序	要　点	図　解
1	両木口の砂切りをする	仕口加工の長さに余裕をとって，両木口をひき落とす。	
2	材の据え付けと丸太材の重心点と墨打ちの両端の位置を定める	1．まくら木を置き，丸太材の曲がり（凸）を下にして，丸太が安定したらかすがいで る。　　　（図1） 2．糸を張り，丸太の心墨の通る位置を定める。　　　　　　　　　　　　　　　（図1）	図2　木口の心墨出し
3	両端木口の垂直心墨出しをする	1．元木口面の中心に下げ振りを使い，垂直墨を付ける。 2．元木口の中心線に定木を固定し，末木口側にさしがねを立て，元木口の定木に合わせて，墨を付ける。（図2）	
4	下端墨打ちをする	1．手元で，糸の長さをかげんして，糸に張りを加えて持ち上げた糸を離し，墨を打つ。 2．墨の付かない箇所は，墨を打ち継ぎする。（図3）	図3　下端心墨打ち
5	上端長手墨打ちをする	1．丸太を返して，木口の墨が垂直になるように台に止める。 2．両木口の心墨から，つぼ糸を緩く張る。 3．手を伸ばして，材の中央に近いところで，つぼ糸を垂直に持ち上げる。 4．丸太の曲がりの高い点でも，糸が当たらないように，高く持ち上げる（曲がりが大きいときは，木口に定木を立て高い点に墨を出す）。 5．手元で，糸の長さをかげんして，糸に張りを加えて持ち上げた糸を離し，墨を打つ。 6．墨の付かない箇所は，墨を打ち継ぎする。（図4）	図4　上端心墨打ち
備考	下げ振りに代わるものとして，水平器，墨つぼを使用する。　　　　　　　参考図		

番号	No.29-1

作業名	安全衛生作業法	主眼点	災害防止のための順守事項

作業項目		要　点
服装	1．作業帽	作業帽をかぶっていること。
	2．作業服	1．そで口が開いていないこと。 2．上着のすそが開いていないこと。 3．作業ズボンが大き過ぎてダブダブしないこと。
	3．その他	1．前掛けを使用しないこと。 2．手ぬぐいを首や腰に巻き付けないこと。 3．履物は，安全靴又は滑る恐れのないものを履くこと。 4．加工作業では手袋を使用しないこと。
加工作業	1．姿勢	無理な作業姿勢をしないこと。
	2．安全保護具	作業に応じた安全保護具を使用すること。
	3．刃物の回転	正常回転になってから作業すること。
	4．安全装置	1．確実に取り付けられていること。 2．労働安全衛生規則（第118条〜127条）の基準に合わせて設置，及び調整をすること。
	5．作業	1．丸のこ盤・昇降傾斜盤で幅の狭い板をひく場合は押し棒を使用すること。 2．溝突き，段欠きなどの作業で丸のこやカッタの刃先が加工材の中に隠れる場合でも歯近にあたるところには手を載せないこと。 3．カッタで端止まりの欠き取り，溝掘り作業の場合は定規に出始めと終わりの位置に必ずストッパを取り付けること。 4．手押しかんな盤で薄い板，短材，幅の狭い板を削る場合は，必ず押さえ板を使用すること。
電気関係	1．アース	アースは感電防止のため接地すること。
	2．スイッチ	1．スイッチは正常に作動すること。 2．スイッチの接触端子は，摩耗していないこと。
	3．配線	1．配線やコードに損傷や劣化のないこと。 2．接触部分に緩みのないこと。
	4．ヒューズ	適正なものが取り付けられていること。
	5．モータ	1．回転中に異常音が出たら，すぐスイッチを切ること。 2．使用後，さわれないほど熱くなっていないこと。
	6．漏電の有無	時々，検電器で漏電を調べること。
給油	給油	1．作業前に，各しゅう動部，手回しハンドルの軸受，その他，低速回転の軸受などに給油すること。 2．グリスカップ及びグリスニップルには，定期的にグリスを注入すること。
作業環境	1．照明	1．明るさが適正であること（150ルクス以上）。 2．照明器具に破損がないこと。
	2．通路	通路上に障害物がないこと。
	3．整理整頓	作業者の周囲が整理整頓されていること。

				番号	No.29-2
作業名	安全衛生作業法		主眼点		災害防止のための順守事項

備考

労働安全衛生規則（抜粋）

（研削といしの試運転）
第118条　事業者は，研削といしについては，その日の作業を開始する前には1分間以上，研削といしを取り替えたときには3分間以上試運転をしなければならない。

（研削といしの側面使用の禁止）
第120条　事業者は，側面を使用することを目的とする研削といし以外の研削といしの側面を使用してはならない。

（丸のこ盤の反ぱつ予防装置）
第122条　事業者は，木材加工用丸のこ盤（横切用丸のこ盤その他反ぱつにより労働者に危険を及ぼすおそれのないものを除く。）には，割刃その他の反ぱつ予防装置を設けなければならない。

（丸のこ盤の歯の接触予防装置）
第123条　事業者は，木材加工用丸のこ盤（製材用丸のこ盤及び自動送り装置を有する丸のこ盤を除く。）には，歯の接触予防装置を設けなければならない。

（帯のこ盤の歯及びのこ車の覆い等）
第124条　事業者は，木材加工用帯のこ盤の歯の切断に必要な部分以外の部分及びのこ車には，覆い又は囲いを設けなければならない。

（手押しかんな盤の刃の接触予防装置）
第126条　事業者は，手押しかんな盤には，刃の接触予防装置を設けなければならない。

（面取り盤の刃の接触予防装置）
第127条　事業者は，面取り盤（自動送り装置を有するものを除く。）には，刃の接触予防装置を設けなければならない。ただし，接触予防装置を設けることが作業の性質上困難な場合において，労働者に治具又は工具を使用させたときは，この限りではない。
　　2　労働者は，前項ただし書の場合において，治具又は工具の使用を命じられたときは，これらを使用しなければならない。

（木材加工用機械作業主任者の選任）
第129条　事業者は，令第6条第6号の作業については，木材加工用機械作業主任者技能講習を修了した者のうちから，木材加工用機械作業主任者を選任しなければならない。

　　［令］第6条第6号
　　　木材加工用機械（丸のこ盤，帯のこ盤，かんな盤，面取り盤及びルーターに限るものとし，携帯用のものを除く。）を5台以上（当該機械のうちに自動送材車式帯のこ盤が含まれている場合には，3台以上）有する事業場において行う当該機械による作業。

				番号	No.30
作業名		電動工具の使い方（1）	主眼点		一般注意事項

図1　卓上スライド丸のこ
出所：日立工機（株）

材料及び器工具など

番号	作業順序	要　点	図　解
1	電源に対する注意	1．使用工具の電圧と電源電圧を確認すること。 2．感電防止用漏電遮断装置が設置されている電源を使用すること。 3．感電防止用漏電遮断装置が設置されていない場合は，労働安全衛生規則に従った接地を行って使用すること（二重絶縁がしてある工具はこの限りでない）。 （図2，図3）（備考参照） 4．プラグを差し込むときは，工具の手元スイッチが切れていることを確認すること。 5．接地極付きプラグを2極コンセントで使用する際は，変換アダプタを用いる。	図2　接地極付きコンセント 図3　2極コンセントの場合
2	使用前の点検	1．取り付けてあるカバー類やねじ類は取り外さないこと。 2．ねじ類が確実に締めてあることを，スパナやドライバーで確認すること。　　　　　　　　　　（図4） 3．モータの風窓にほこりなどが詰まっていないか調べる。 4．コードが刃物に触れないように配置すること。	
3	使用上の注意	1．作業で保護めがねの使用を指示されているものは，必ず使用すること。 2．きちんとした服装で作業すること。そで口の開いたままで作業すると，巻き込まれる恐れがある。 3．電源コードが接続している状態で工具を持ち運ぶときは，電源スイッチに指を掛けないように，十分注意すること。 4．湿ったりぬれているところで使用しないこと。 5．屋外の仕事には，ゴム底の靴を履くこと。 6．工具の能力を超えた作業をしないこと。 7．工具本来の使用法以外の用い方をしないこと。 8．運転中は，絶対に刃物類に触れないこと。	各ねじはよく締める 図4　電気丸のこ
4	使用後の保管上の注意	1．使用後は，必ずプラグを電源から抜いておくこと。 2．ほこり，ゴミなどをブロアなどでよく掃除しておくこと。 3．保管は乾燥した場所にすること。	
備考	労働安全衛生規則　第333・334条概要 1．電動機を有する機械又は器具を使用する場合，対地電圧が150Ｖをこえる移動式若しくは可搬式のもの又は水等導電性の高い液体によって湿潤している場所その他鉄板上，鉄骨上，定盤上等導電性の高い場所において使用する移動式若しくは可搬式のものについては，漏電による感電の危険を防止するため，当該電動機械器具が接続される電路に感電防止用漏電遮断装置を接続しなければならない。 2．感電防止用漏電遮断装置の接続が困難な場合は，電動機械器具の金属製外枠，電動機の金属製外被等の金属部分を接地して使用しなければならない。 3．絶縁台の上で使用する電動機械器具及び二重絶縁構造の電動機械器具については適用しない。		

番号	No.31
作業名	電動工具の使い方（2）
主眼点	電気丸のこの使い方

図1　電気丸のこ作業

材料及び器工具など

板材，電気丸のこ，案内定規，付属工具，コードリール

番号	作業順序	要　点	図　解
1	作業前の点検と刃の調整をする	1. 感電防止装置を点検する。 2. 機体のスイッチを切り，電源プラグを抜いた状態にしておく。 3. ひき材，ひき方向に適した丸のこの種類，大きさを選ぶ（縦びき，横びき，縦横兼用，特殊刃）。 4. 丸のこ刃の締め付けを専用スパナで確かめる。 5. 定盤を動かして，丸のこ刃の出を調整する。 6. 斜め切りの場合は，定盤を傾けて調整する。（図2） 7. 案内定規を丸のこ刃と平行に，ひき寸法に合わせて取り付ける。 8. 安全カバーの動きを確かめる。	図2　斜め切り
2	材料の据え付けと点検をする	1. 丸のこ刃が床に触れないよう，まくら木を支（か）う。 2. 切る材をしっかりと据え付ける。 3. 材木に釘があるか，また節，木理の乱れがあるかを調べる。 4. ひき割り材が大きいものは，ひき割り材側に，少し低いまくら木を支（か）っておく。	作業の補助者が切落とし側を支えると，回転中の丸のこ歯を加工材によって締め付けることになる。 その結果，のこ身が曲がって，加工材をはね飛ばす。
3	電気丸のこを持つ	1. 機体のスイッチが切れていることを確かめて電源プラグを入れる。 2. コードは移動に支障のないようにし，丸のこ刃に触れないように気を配る。	このように手で切るものを支えない。
4	ひき始める	1. 定盤の前部を材木の手前端に載せかけ，定盤に密着するように押さえる。 2. 丸のこ刃が材木に触れない位置でスイッチを入れ，回転が上がってから案内定規に軽く当ててゆっくり送る。	
5	ひき進める	1. モータ音，切り込み音，臭いに注意して無理のないようにひき進める。 2. 案内定規に定盤を軽く引き寄せながら，休まずに連続して進む。 3. 節などに当たり，抵抗があるときは送りを遅くする。決して後ろへ戻さない。	のこ身が締め付けられる。 のこ身 加工材 切落とし側 図3　危険な作業
6	ひき終わる	1. 後定盤を材木に密着させて押さえ付ける。 2. ゆっくりと送り出し，丸のこ刃が材木から出たらスイッチを切る。	
備考	安全衛生上次のことに注意する。 1. 電源コードは，図1のように肩に掛けて使用する。 2. 安全カバーは正しく使う。 3. 切り落とすときに，材に挟まれないようにする。		

作業名	電動工具の使い方（3）	主眼点	電気かんなの使い方

番号	No.32

材料及び器工具など

板材（30×200×1800），電気かんな，付属工具，コードリール

図1　電気かんなの名称

番号	作業順序	要点	図解
1	使用前の点検と刃の調整をする	1．感電防止装置を点検する。 2．機体のスイッチを切り，電源プラグを抜いた状態にしておく。 3．かんな刃の刃こぼれを調べる。 4．かんな刃が定盤と平行か（図2），締め付けが十分か調べ，調整する。（図3） 5．ノブを回して刃の出を調節する。	図2　かんな刃の取り付け確認
2	材料の据え付け点検をする	1．削り台をほぼ水平に，腰の高さに据える。 2．削る材をしっかりと台に据え付ける。 3．材木に砂，どろ，金属片などが付いていないか調べる。 4．節，さか目などを調べる。	
3	電気かんなを持つ	1．機体のスイッチが切れているのを確かめて電源プラグを入れる。 2．コードは移動に支障のないようにし，切り刃に触れないように気を配る。	図3　かんな刃の取り付け部の詳細
4	削り始める	1．定盤前部を材木の手前端に載せかけ，密着するように押さえる。（図4） 2．かんな刃が材木に触れない位置でスイッチを入れ，モータの回転が上がったら，ゆっくりと送る。	図4　削り始め
5	削り進める	モータ音，削り音に無理がないか注意し，削りくずが正常に吐き出されているかを見ながら休まずに連続してゆっくり送る。	
6	削り終わる	後定盤を材木に密着するように押さえながら，先端のノブを持ち，ゆっくりと送り出し，かんな刃が材木から出たらスイッチを切る。（図5）	図5　削り終わり
備考	参考図　かんな刃の締め付け順序		

			番号	No.33
作業名	電動工具の使い方（4）	主眼点	電気溝切りの使い方	

材料及び器工具など

角材（105×105×1800），電気溝切り，付属
工具，コードリール

図1　電動溝切りの名称

番号	作業順序	要　点	図　解
1	使用前の点検と調整をする	1．感電防止装置を点検する。 2．機体のスイッチを切り，電源プラグを抜いた状態にしておく。 3．カッタの締め付けを専用スパナで確かめる。 4．切り込み位置を調整する。 5．切り込み深さを調整する。 6．縁欠け防止板*の位置，取り付けが正しいかを調べる。	図2　削り始め
2	材料の据え付けと点検をする	1．削り台をほぼ水平に腰の高さに据える。 2．削り材をしっかりと据え付ける。 3．材木の節，木理の乱れがあるかを調べる。	
3	電気溝切りを持つ	1．機体の手もとスイッチが切れているのを確かめて電源を入れる。 2．コードは移動に支障のないようにし，カッタ刃に触れないように気を配る。	図3　削り終わり
4	溝突きを始める	1．定盤の前部を材木の手前端に載せかけ，定盤を密着させ，材木と水平になるように押さえる。　（図2） 2．カッタ刃が材木に触れない位置でスイッチを入れる。 3．モータの回転が上がったら，案内定規を材木に密着させて削り始める。	
5	進める	1．モータ音，削り音に注意し，無理のないように節などに当たり抵抗があるときは，送りを遅くして後ろへは戻さない。 2．送りは休まず連続して行う。	（a）縦溝（仕上げ）カッタ
6	削り終わる	定規の後部を材木に密着させて押さえ付け，ゆっくりと送り出し，カッタ刃が材木から出たらスイッチを切る。　　　　　　　　　　　　　　　　　（図3）	
備考	＊（注意）縁欠け防止板は，機種により機構が異なる。 参考図　縁欠け防止板		（b）けびき付きカッタ 図4　カッタ

-52-

				番号	No.34
作業名	電動工具の使い方（5）		主眼点	\multicolumn{2}{c}{電気角のみの使い方}

図1　電気角のみの名称（縦送りレバー、横送りハンドル）

材料及び器工具など

角材（105×105×1800），電気角のみ，付属工具，コードリール

番号	作業順序	要　点	図　解
1	使用前の点検	1．感電防止装置を点検する。 2．機体のスイッチを切り，電源プラグを抜いた状態にしておく。 3．角のみを最上位に上げ，ストッパ（落下防止装置）を止めておく。 4．角のみときり身との組み合わせ，及び回転軸への取り付けを調べる。（図2） 5．左右，前後の送り動作を調べ，それぞれの中心に置く。	図2　角のみときり身の取り付け（きり軸の面取部をきり取り付けねじに合わせる，調整用ワッシャ挿入部，すき間のないように，3〜5mm，調整用ワッシャ）
2	材料へ機体を据え付ける	1．材木を水平に置き，まくら木を支（か）う。 2．角のみ機をまたがせて載せ，角のみがほぞ穴のほぼ中心になるように仮置きする。 3．締め付け装置で材を固定する。長手方向ほぞ穴中心線と平行になるように締め付ける。 4．角のみを材の表面すれすれにおろし，前後，左右に動かし，ほぞ穴墨と一致するかを調べる。 5．角のみ上下動で，ほぞ穴深さに相当する位置にストッパを移動し，固定する。	
3	穴を掘る	1．前後，左右送りにより，ほぞ穴墨の一端（①）に角のみの先端を合わせ，下降しないように止めておく。 2．スイッチを入れる。 3．回転が上がったら木くずが詰まらないよう，吐き出しを見ながら掘り下げる。 4．木くずが詰まるときは引き上げて，数回に分けて行う。 5．通し穴の場合は，両面から穴をあける。	図3　ほぞ穴の掘る順序（①③④②　上端／①③④②　側面）
4	移動する	1．ほぞ穴の他の端（②）に前後送り装置で移動して，同様に掘り進む。穴の両端を先に掘ることで，穴の大きさが正確に掘れる。（図3） 2．その後，中間部（③，④等）を掘る。	
5	掘り終わる	角のみを上げ，材から出たところでスイッチを切る。	
備考			

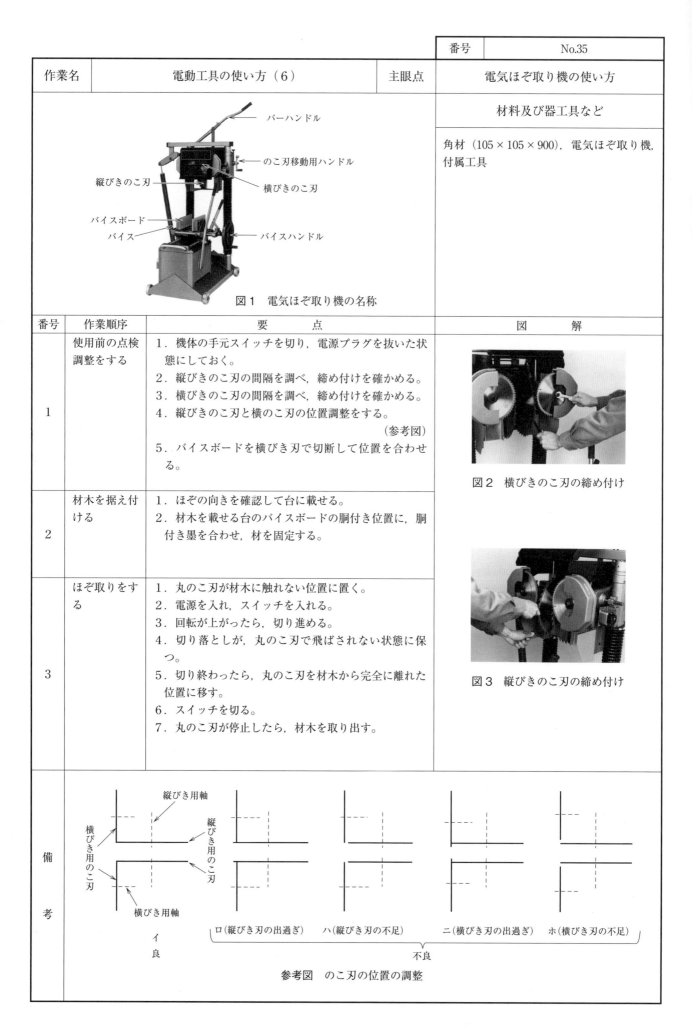

番号	No.35
作業名　電動工具の使い方（6）	主眼点　電気ほぞ取り機の使い方

材料及び器工具など

角材（105×105×900），電気ほぞ取り機，付属工具

図1　電気ほぞ取り機の名称

番号	作業順序	要　点	図　解
1	使用前の点検調整をする	1．機体の手元スイッチを切り，電源プラグを抜いた状態にしておく。 2．縦びきのこ刃の間隔を調べ，締め付けを確かめる。 3．横びきのこ刃の間隔を調べ，締め付けを確かめる。 4．縦びきのこ刃と横のこ刃の位置調整をする。 （参考図） 5．バイスボードを横びき刃で切断して位置を合わせる。	図2　横びきのこ刃の締め付け
2	材木を据え付ける	1．ほぞの向きを確認して台に載せる。 2．材木を載せる台のバイスボードの胴付き位置に，胴付き墨を合わせ，材を固定する。	
3	ほぞ取りをする	1．丸のこ刃が材木に触れない位置に置く。 2．電源を入れ，スイッチを入れる。 3．回転が上がったら，切り進める。 4．切り落としが，丸のこ刃で飛ばされない状態に保つ。 5．切り終わったら，丸のこ刃を材木から完全に離れた位置に移す。 6．スイッチを切る。 7．丸のこ刃が停止したら，材木を取り出す。	図3　縦びきのこ刃の締め付け
備考	参考図　のこ刃の位置の調整 イ　良　／　ロ（縦びき刃の出過ぎ）　ハ（縦びき刃の不足）　ニ（横びき刃の出過ぎ）　ホ（横びき刃の不足）　不良		

作業名	電動工具の使い方（7）	主眼点	電気ドリルの使い方
		番号	No.36

図1 電気ドリル作業

材料及び器工具など

角材（105×105×1800），電気ドリル，付属工具，コードリール，ドリル刃各種

番号	作業順序	要点	図解
1	ドリル刃を取り付ける	1．機体のスイッチを切り，電源プラグを抜いた状態にしておく。 2．ドリルチャックをチャックハンドルで緩める。 3．ドリルをチャックに挿入して，チャックハンドルでしっかりと締める。 4．ストッパポールで穴の深さを設定する。（図2）	ストッパーポール／ドリルチャック／チャックハンドル 図2 各部の名称
2	材を据え付ける	材料をしっかりと固定する（小さい材ではドリルの回転で振り回されるので，万力で押さえる）。	
3	穴をあけ始める	1．電源を入れる。 2．ドリル刃を下に向けて，安全を確かめてスイッチを入れる。 3．ドリル刃の振れを調べ，悪ければスイッチを切り，チャックを開放してドリル位置を修正し取り付け直す。 4．穴の中心にドリル刃の中心をしっかり合わせて，材面に垂直になるように両手でしっかり持つ。 5．下方へ，軽く押すようにする。	
4	穴をあける	1．あまり力を入れ過ぎないように木くずが出るのを確かめながら，途中でドリルをふらつかせないようにする。 2．ストッパーポールの先端が材料に接するまで押す。 3．通常は片面から貫通させるが，精度を要する箇所は両面から穴をあける。	
5	あけ終わる	ふらつかせないように，ゆっくりと抜き取り，スイッチを切る。	

備考

用途：木ねじの締め付け，釘穴あけ，建具の取り付け

小さい材の穴あけには，ドリルを専用スタンドで固定して使用するのがよい。

参考図1 コードレスドリル　　　参考図2 ドリルスタンド

番号	No.37

作業名	電動工具の使い方（8）	主眼点	グラインダによる研削（研削機）

図1　グラインダ作業

材料及び器工具など

研削機，両頭グラインダ，付属工具一式，保護めがね，かんな刃，のみ

番号	作業順序	要　点	図　解
1	使用前の点検をする	1．機体のスイッチを切り，電源プラグを抜いた状態にしておく。 2．機体の据え付けに緩みがないか確かめる。 3．砥石の形状，種類が適当であるか確かめる。 4．砥石が摩耗して，交換限度にきているか確かめる。 5．砥石にきれつが入っていないか調べる。 6．砥石の締め付けが十分であるか確かめる。 7．砥石カバーが正しい状態に付いているか確かめる。 8．刃物台の高さを砥石の中心位置に合わせる。刃物台と砥石のすき間は3mm以内にする。（図2） 9．水を用意する。	図2　安全基準
2	研削の準備をする	1．保護めがねを掛ける。 2．体は砥石の正面を避けて立つ。（図3） 3．スイッチを入れ，1分間以上空転させて，安全を確かめる（砥石交換時は，3分間以上）。 4．刃物を両手で持つ。	図3　安全な立ち位置
3	研削する	1．刃物を支持台に載せかける。 2．研削面を砥石面に平行に合わせる。 3．刃物を軽く砥石面に当てる。 4．1箇所に集中することなく，まんべんなく左右に移動させる。 5．ときどき水で冷やし，刃物が過熱しないように注意する。	
4	止める	スイッチを切る。	

備考

砥石の交換は，指定された者以外は行ってはならない。
両頭グラインダは特別安全講習を受ける必要がある。

番号	No.38
作業名	木工機械の使い方（1）
主眼点	昇降傾斜盤の使い方

図1　昇降傾斜盤の名称（定盤，縦びき定規板，横切定規板）

材料及び器工具など

板材，昇降傾斜盤，付属工具，丸のこ刃各種

番号	作業順序	要点
1	機体の点検と調整をする	1. 丸のこ盤の手元スイッチと電源を切っておく。 2. ひき材の硬軟，大小及び縦びき，横びきにより，のこ刃を選ぶ。 3. のこ刃の傷，目立て，歯振れ，腰入れを調べる。 4. 定規板を調整する。 5. 定規板用走り溝の木くずを取り除く。 6. 押し棒を用意する。 7. 安全カバー・割り刃の取り付けを確かめる。 （図2，図3）
2	材料の点検をする	1. 材に土砂，金属片などが付いていないかを調べる。 2. 節，曲がり，ねじれなどを調べる。 3. 短い材は使わない（長さ300mm以下）。
3	ひき始める	1. 電源，スイッチを入れる。 2. 回転が上がったら振動，回転音を確かめる。 3. 丸のこの回転面，材の後ろに体をおかないようにして材を持つ。 4. 材木と定盤を密着させてゆっくり送る。 5. 材木が薄くひき割り部が浮き上がる場合は，手元をやや上げぎみに，先端を定盤に密着させて送る。
4	ひき進める	1. 音，臭いに注意してひき進める。 2. こじらないよう無理に押さないで，定規板に密着させて押す。 3. 後ろへ戻さない。
5	ひき終わる	1. 先取りは待機して，送り手と呼吸を合わせて，ひき割り口をやや開きぎみにしながら，やや上げぎみにする。（図4） 2. 送り出す速さに合わせて，ひき出す。 3. ひき落とし材が飛ばされないように注意する。 4. ひき終わり直前になったら，押し棒を用いる。 5. ゆっくりとひき終わる。
備考		

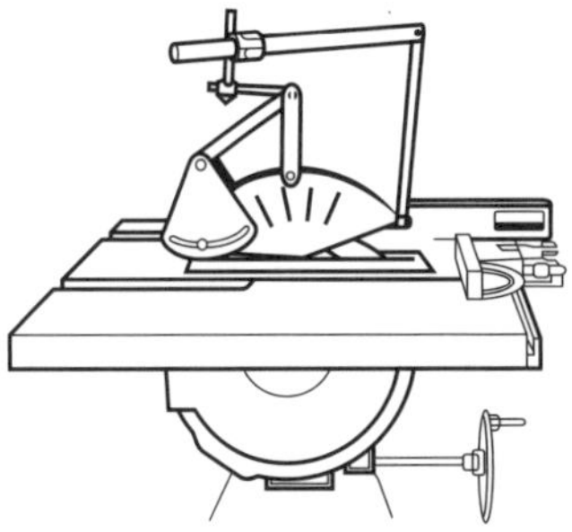

図2　歯の接触予防装置

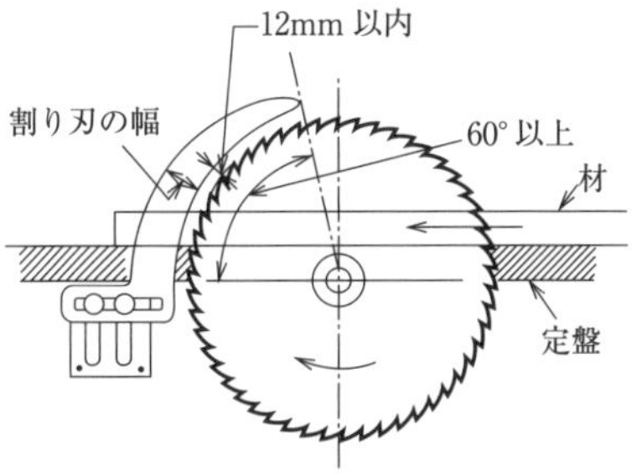

図3　割り刃の安全基準（割り刃の幅，12mm以内，60°以上，材，定盤）

図4　昇降傾斜盤作業

番号	No.39
作業名	木工機械の使い方（2）
主眼点	帯のこ盤の使い方

図1　帯のこ盤の名称

材料及び器工具など

角材（105×105×1800），帯のこ盤，付属工具，帯のこ刃

番号	作業順序	要　点	図　解
1	機械の点検と調整をする	1. 帯のこ盤の手元スイッチと電源を切っておく。 2. 安全装置，のこ刃の傷，目立て，歯振れ，腰入れを調べる。 3. のこ刃の緊張を緩くなく，きつくなく，上部のこ輪を昇降させて調整する。（図2） 4. のこ刃を手で回して，のこ刃の出入りがないよう調整する。 5. のこ身押さえがのこ刃に触れないように調整する。 6. 定規板の位置を定める。（図3）	図2　帯のこ盤の機構
2	材料の点検をする	1. 材に土砂，金属片などが付いていないかを調べる。 2. 節，木理の乱れなどを調べる。	
3	ひき始める	1. 電源を入れ，安全を確認してスイッチを入れる。 2. 音で振動が正常か，案内車は静止しているか注意する。 3. ひき材の厚さに応じて，のこ身押さえの位置を調整する。 4. 定速回転になってから，材木を正しく定規板に合わせ，ゆっくりとひき始める。	図3　のこ身押さえ
4	ひき進める	1. 音が安定しているかを注意する。 2. 無理な曲線をひかないようにする。 3. ひき落とし材は注意して取り除く。	
5	ひき終わる	1. 負荷の急激な変化を避けるために，ゆっくりとひき終わる。 2. 小さい材のときは押し棒を使う。	図4　帯のこ盤作業
6	使用後の点検をする	1. スイッチを切る。電源を切る。 2. のこ刃に異常がないかを調べる。 3. 木くずが定盤下，下部のこ輪などに入り込んでいたら取り除く。 4. 上部のこ輪を少し下げ，のこ刃を緩めておく。	
備考			

作業名	木工機械の使い方（3）	主眼点	手押しかんな盤の使い方

番号　No.40

図1　手押しかんな盤の名称（後部定盤，接触予防装置（安全カバー），定規板，前部定盤，定盤昇降ハンドル）

材料及び器工具など

板材，手押しかんな盤，付属工具

番号	作業順序	要点	図解
1	機械の点検と調整をする	1. かんな盤の手元スイッチ，電源を切っておく。 2. かんな刃の刃こぼれ，切れ味を調べる。 3. かんな刃の胴との取り付けが定盤と平行か，また，締め付けが十分か調べる。 4. 安全カバーが正常に動作できるか調べる。 5. 後部定盤は，かんな刃の先の高さに合わせる。 6. 前部定盤は，削りしろだけ刃先より下げる。あまり大きく，一度に削りしろを取ることは避ける。	図2　刃口（刃口，刃口金（鋼），削りしろ，後部定盤，前部定盤，かんな胴，刃口金）
2	材料の点検をする	1. 材に土砂，金属片などが付いていないかを調べる。 2. 節，さか目，木理の乱れなどを調べておく。 3. 厚さ不同，ねじれ，曲がりなどと削り仕上がり面との関係を調べておく。	
3	削り始める	1. 安全カバーが正常に働くことを確認する。 2. 電源を入れ，スイッチを入れる。 3. かんな刃の回転が上がったら，材を前部定盤に密着させて，材で安全カバーを押しのけながら，ゆっくり送る。	図3　手押しかんな盤作業
4	削り進める	1. 削り音に注意しながら，休まずに連続してゆっくり送る。決して材木を後ろへ戻してはいけない。 2. 手は刃口を避けて操作する。 3. 短い材は押さえ板を使う（450mm以下の短い材は削らない）。	
5	削り終わる	1. 前のめりにならないように姿勢を整えながら材木を送る。 2. 長い材では，バランスに注意して支えて取る。 3. ゆっくりと削り終わる。	
備考	安全衛生上，次のことを注意する。 1. 削る材料の長さは，450mm以上がよい。 2. 薄い材を削る場合，材がバタつくことがあるので注意する。 3. 治具などを使用し，安全に配慮する。（参考図）		参考図　押さえ板（ゴム板を貼る）

				番号	No.41
作業名		木工機械の使い方（4）	主眼点		自動かんな盤の使い方

図1　自動かんな盤の名称

材料及び器工具など

板材，自動かんな盤，付属工具

番号	作業順序	要　点	図　解
1	機械の点検と調整をする	1．自動かんな盤の手元スイッチ，電源を切っておく。 2．かんな刃の刃こぼれ，切れ味を調べる。 3．かんな刃と胴との取り付けが定盤と平行か，また締め付けが十分か調べる。 4．テーブルローラの高さを調整する（薄板0～0.2mm，厚板0.5～1.0mm）。 5．テーブルを昇降させて，削りしろ（1回の削り量は0.2～2.0mm程度にする）を調整する。	図2　自動かんな盤の機構
2	材料の点検をする	1．材木に土砂，金属片などが付いていないかを調べる。 2．節，さか目，木理の乱れなどを調べておく。 3．厚さ不同，ねじれ，曲がりなどと削り仕上がり面との関係を調べておく。 4．ローラ間以下の短い材は削らない。	
3	削り始める	1．電源を入れ，スイッチを入れる。 2．回転が上がったら，削り始める。 3．手前をやや上げぎみにして，真っすぐ差し込む。	
4	削り進める	1．削り音に注意しながら休まずに，連続して送る。無理に押したり，前から引いたりしない。 2．刃物全体を使うよう位置を変えながら削り進める。 3．材の厚さが不均一で（厚いところ，曲がりで凸状のものなど）あるとき，許容削り量以上の厚さになって送りが停止したときは，昇降ハンドルを回して削り量を減らす。	図3　自動かんな盤作業
5	削り終わる	1．定盤の水平を維持しながら，引き出して取る。 2．特に長尺のものは，自重で下がらないように支えながら引き出して取る。	
備考	1．使用できる材料の長さは，使用自動かんな盤の送りローラ間以上とし，厚さは，機械の範囲とし，最小厚さは，3mm程度とする。 2．反発防止装置が可動できるタイプのものは，作業前に必ず使用位置にあり，正常に動作することを確認する。		

		番号　No.42
作業名	木工機械の使い方（5）	主眼点　超仕上げかんな盤の使い方

図1　テーブル固定式

材料及び器工具など

板材，超仕上げかんな盤，付属工具

番号	作業順序	要点	図解
1	材木の下ごしらえをする	材木は，自動かんなで荒削りしておく。	図2　各部の名称
2	機械の点検と調整をする	1．機械の手元のスイッチと電源を切っておく。 2．かんな刃の刃こぼれ，切れ味を調べる。 3．かんな刃の本刃と裏刃の調整をする。 4．ナイフストックの刃先の出を調整する。 5．ナイフストックを本体へ装てんする。 6．定盤表面のほこり，木くずを取り除く。	
3	削り始める	1．電源を入れ，スイッチを入れる。 2．加工材の厚みに最適な送りローラの位置をセットする。 3．材木は，定盤に密着するように，高さを調整して持つ。 4．1回の削り量はできるだけ少なく取る。	
4	削る	1．片送りの場合は，材木の出口に，進行方向を避けて立ち，材木を受ける準備をする（送り速度が速いので注意する）。 2．テーブルに水平に，送りローラへ送り削る。	
備考	材木の削る方向性 　無節の材面の削る方向　{木表は末から／木裏は元から} 　生節のある材面の削る方向　{木表は元から／木裏は末から} 材の送り方法 　リターン　　　　　　　1人で作業する場合 　片送り・連続　　　　　2人以上・能率が良い		図3　ナイフストックの調整

		番号	No.43
作業名	そぎ継ぎ	主眼点	斜めのこびきと釘打ち

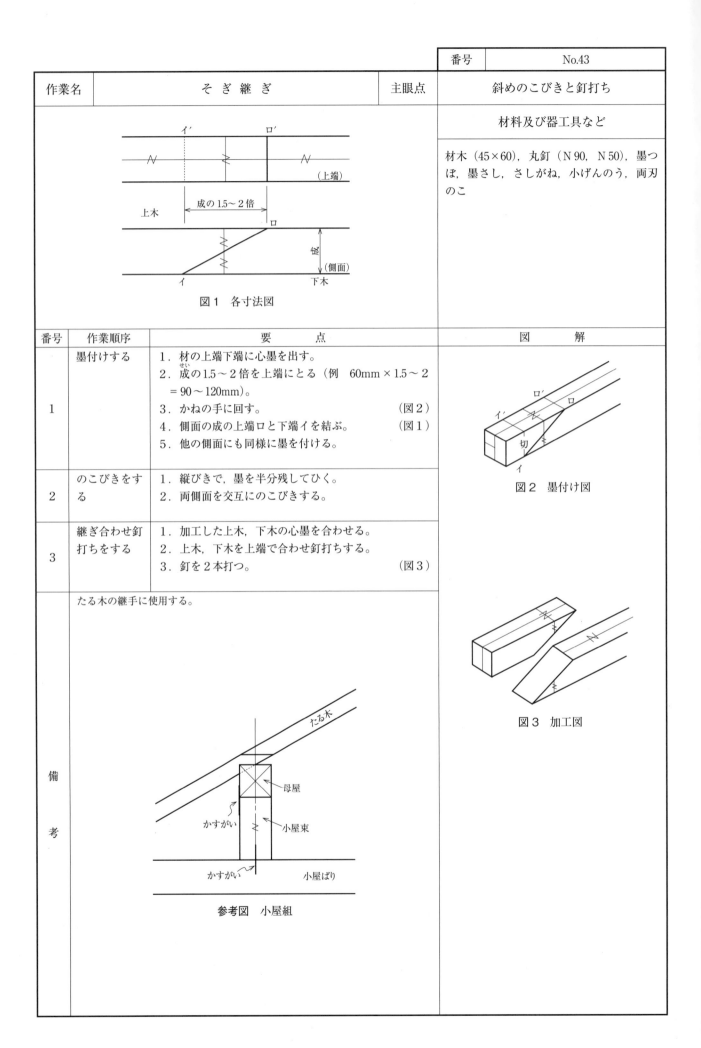

図1 各寸法図

材料及び器工具など

材木（45×60），丸釘（N90，N50），墨つぼ，墨さし，さしがね，小げんのう，両刃のこ

番号	作業順序	要　点	図　解
1	墨付けする	1．材の上端下端に心墨を出す。 2．成の1.5～2倍を上端にとる（例　60mm×1.5～2＝90～120mm）。 3．かねの手に回す。　　　　　　　　（図2） 4．側面の成の上端ロと下端イを結ぶ。　（図1） 5．他の側面にも同様に墨を付ける。	図2　墨付け図
2	のこびきをする	1．縦びきで，墨を半分残してひく。 2．両側面を交互にのこびきする。	
3	継ぎ合わせ釘打ちをする	1．加工した上木，下木の心墨を合わせる。 2．上木，下木を上端で合わせ釘打ちする。 3．釘を2本打つ。　　　　　　　　　（図3）	図3　加工図
備考	たる木の継手に使用する。 参考図　小屋組		

番号	No.44
作業名	相欠き継手
主眼点	斜めのこびきとのこびきの深さ

材料及び器工具など

角材（90×90），墨つぼ，墨さし，さしがね，のこぎり（270mm），のみ（42mm）

図1　各寸法図

番号	作業順序	要点	図解
1	墨付けする	1．材の上端下端に心墨を出す。 2．端部から適量入り切り墨イを回し，切り墨イから継手長さロ（木幅90mm）をとり，上端，両側面中程まで引く。 3．両側面イロの線上に材成寸法の半幅45mmをとり，イ'ロ'とし相欠き墨を引く。（図2）	図2　墨付け図1
2	のこびきする	切り墨（下端胴付き）を墨半分で横びきする。	
3	墨付けする	木口に心墨，相欠き墨を回す。（図3）	図3　墨付け図2
4	のこびきする	1．相欠き墨イ'ロ'を墨半分で縦びきする。 2．上端胴付きロを墨半分で横びきする。	
5	のみで削る	切り口及び相欠き面にのこびきむらがあるときは，のみで削る。	図4　加工図

備考

参考図1　墨の切り方

参考図2　上木

図5　完成図

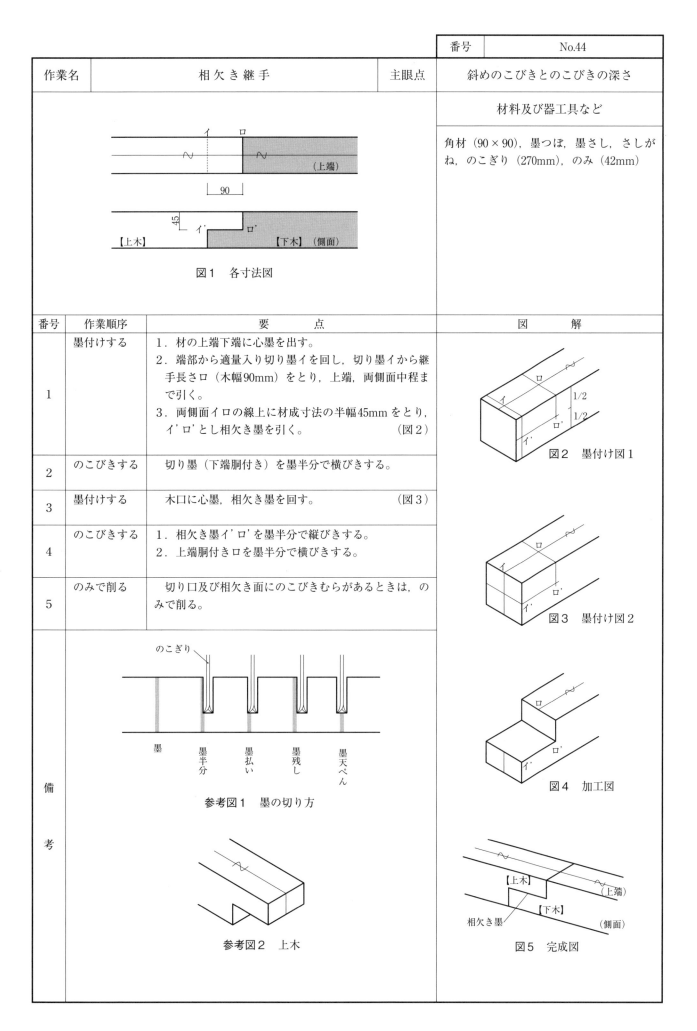

番号	No.45
作業名	こしかけあり継手（1）
主眼点	こしかけあり継手の男木の作り方

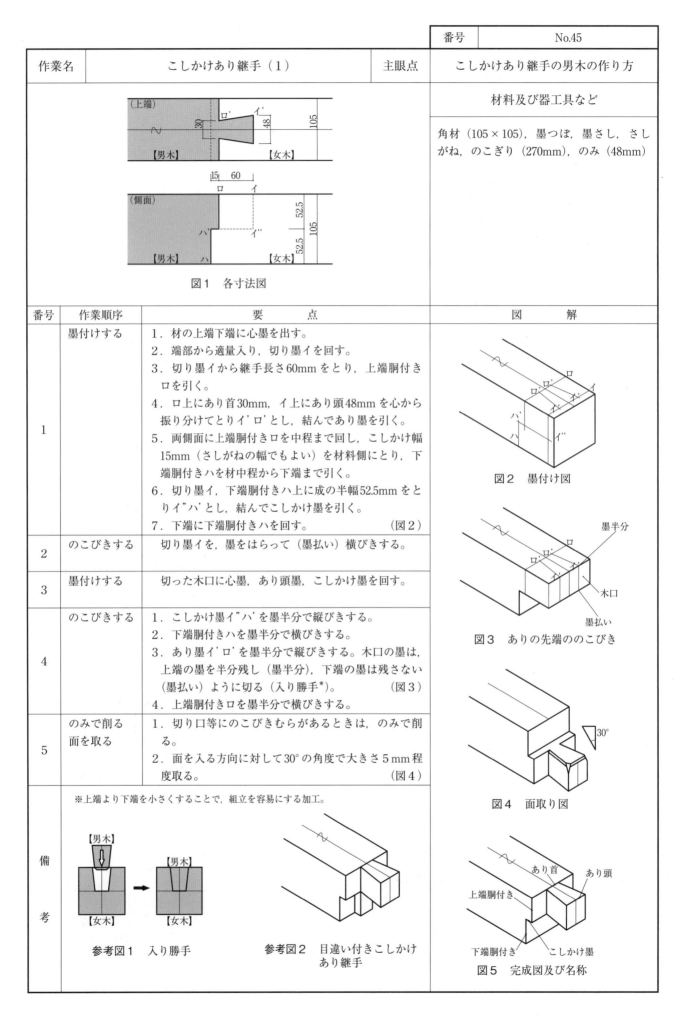

図1　各寸法図

材料及び器工具など

角材（105×105），墨つぼ，墨さし，さしがね，のこぎり（270mm），のみ（48mm）

番号	作業順序	要点	図解
1	墨付けする	1. 材の上端下端に心墨を出す。 2. 端部から適量入り，切り墨イを回す。 3. 切り墨イから継手長さ60mmをとり，上端胴付きロを引く。 4. ロ上にあり首30mm，イ上にあり頭48mmを心から振り分けてとりイ'ロ'とし，結んであり墨を引く。 5. 両側面に上端胴付きロを中程まで回し，こしかけ幅15mm（さしがねの幅でもよい）を材料側にとり，下端胴付きハを材中程から下端まで引く。 6. 切り墨イ，下端胴付きハ上に成の半幅52.5mmをとりイ"ハ'とし，結んでこしかけ墨を引く。 7. 下端に下端胴付きハを回す。　　　（図2）	図2　墨付け図
2	のこびきする	切り墨イを，墨をはらって（墨払い）横びきする。	図3　ありの先端ののこびき
3	墨付けする	切った木口に心墨，あり頭墨，こしかけ墨を回す。	
4	のこびきする	1. こしかけ墨イ"ハ'を墨半分で縦びきする。 2. 下端胴付きハを墨半分で横びきする。 3. あり墨イ'ロ'を墨半分で縦びきする。木口の墨は，上端の墨を半分残し（墨半分），下端の墨は残さない（墨払い）ように切る（入り勝手*）。　　　（図3） 4. 上端胴付きロを墨半分で横びきする。	図4　面取り図
5	のみで削る 面を取る	1. 切り口等にのこびきむらがあるときは，のみで削る。 2. 面を入る方向に対して30°の角度で大きさ5mm程度取る。　　　（図4）	図5　完成図及び名称
備考	※上端より下端を小さくすることで，組立を容易にする加工。 参考図1　入り勝手　　参考図2　目違い付きこしかけあり継手		

番号	No.46
作業名	こしかけあり継手（2）
主眼点	こしかけあり継手の女木の作り方

図1 各寸法図

材料及び器工具など

角材（105×105），男木（No.45で製作），墨つぼ，墨さし，さしがね，のこぎり（270mm），大げんのう，のみ（15mm，24mm，48mm）

番号	作業順序	要　点	図　解
1	墨付けする	1．材の上端下端に心墨を出す。 2．端部から適量入り，下端胴付きイを回す。 3．下端胴付きイからこしかけ幅15mm（さしがねの幅でもよい）とり上端胴付きロを，さらに継手長さ60mmとりあり頭墨ハを引く。 4．ロ上にあり首30mm，ハ上にあり頭48mmを心から振り分けてとりロ'ハ'とし，結んであり墨を引く。 5．両側面に上端胴付きロを中程まで回す。 6．下端胴付きイと上端胴付きロ上に成の半幅52.5mmをとりイ'ロ"とし，結んでこしかけ墨を引く。（図2）	図2　墨付け図1
2	のこびきする	下端胴付きイを墨半分で横びきする。	
3	墨付けする	木口に心墨，こしかけ墨を回す。（図3）	図3　墨付け図2
4	のこびきする	1．こしかけ墨イ'ロ"を墨半分で縦びきする。 2．上端胴付きロを墨半分で横びきする。	
5	墨付けする	上端胴付きの木口にあり首の墨を引く。（図4）	
6	のこびきする	あり墨ロ'ハ'を墨半分で縦びきする。木口の墨は，上端の墨を半分残し（墨半分），下端の墨は残す（墨残し）ように切る（入り勝手）。（図4）	図4　あり首ののこびき
7	のみで掘る，削る	1．あり部をのみで掘る。 2．のこびきむらがあるときは，のみで削る。（図5）	図5　完成図

備考

参考図　目違い付きこしかけあり継手

番号	No.47-1
作業名	こしかけかま継手（1）
主眼点	こしかけかま継手の男木の作り方

材料及び器工具など

角材（105×105），墨つぼ，墨さし，さしがね，のこぎり（270mm），大げんのう，のみ（15mm，24mm，48mm）

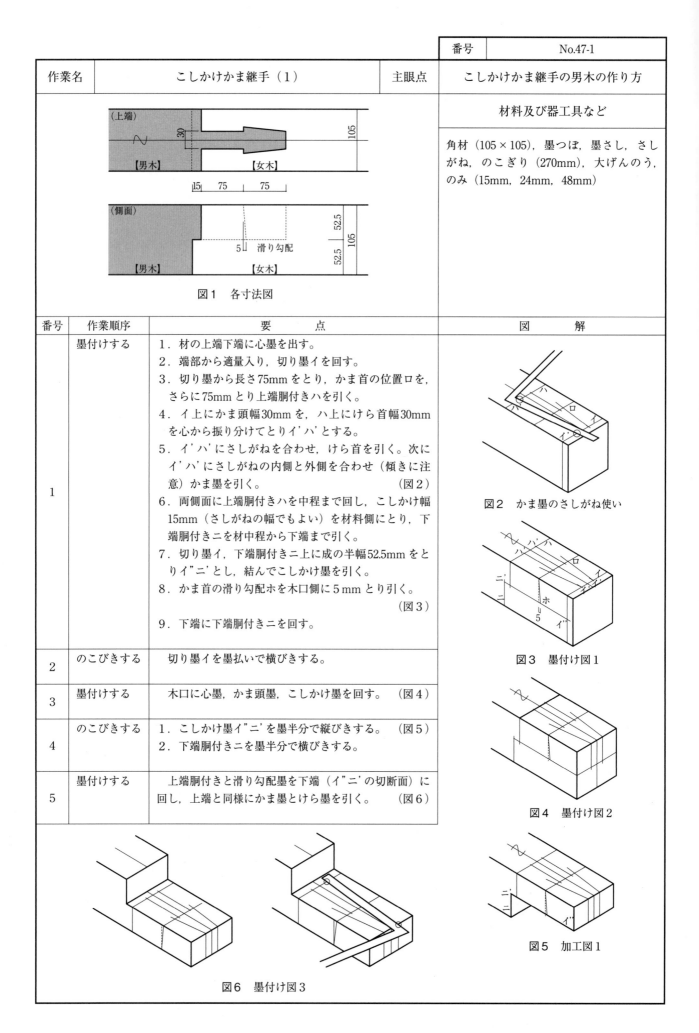

図1 各寸法図

番号	作業順序	要点	図解
1	墨付けする	1．材の上端下端に心墨を出す。 2．端部から適量入り，切り墨イを回す。 3．切り墨から長さ75mmをとり，かま首の位置ロを，さらに75mmとり上端胴付きハを引く。 4．イ上にかま頭幅30mmを，ハ上にけら首幅30mmを心から振り分けてとりイ'ハ'とする。 5．イ'ハ'にさしがねを合わせ，けら首を引く。次にイ'ハ'にさしがねの内側と外側を合わせ（傾きに注意）かま墨を引く。　　　　　　　　　（図2） 6．両側面に上端胴付きハを中程まで回し，こしかけ幅15mm（さしがねの幅でもよい）を材料側にとり，下端胴付きニを材中程から下端まで引く。 7．切り墨イ，下端胴付きニ上に成の半幅52.5mmをとりイ"ニ'とし，結んでこしかけ墨を引く。 8．かま首の滑り勾配ホを木口側に5mmとり引く。　（図3） 9．下端に下端胴付きニを回す。	図2　かま墨のさしがね使い 図3　墨付け図1
2	のこびきする	切り墨イを墨払いで横びきする。	
3	墨付けする	木口に心墨，かま頭墨，こしかけ墨を回す。（図4）	図4　墨付け図2
4	のこびきする	1．こしかけ墨イ"ニ'を墨半分で縦びきする。（図5） 2．下端胴付きニを墨半分で横びきする。	
5	墨付けする	上端胴付きと滑り勾配墨を下端（イ"ニ'の切断面）に回し，上端と同様にかま墨とけら墨を引く。（図6）	図5　加工図1

図6　墨付け図3

番号		No.47-2
作業名	こしかけかま継手（1） 主眼点	こしかけかま継手の男木の作り方

番号	作業順序	要点	図解
6	のこびきする	1．かま墨イ'ロ'を墨半分でかま首位置を過ぎるまで縦びきする。 　木口の墨は，入り勝手に切る。 2．上端胴付きを墨半分でハ'まで横びきする（切り過ぎないよう注意）。	図7　加工図2
7	のみで割りさく	かま頭ののこ道にのみを打ち，不要な部分を割りさく。　　　　　　　　　　　　　　（図7）	
8	墨付けする	上端下端のかま首墨を結ぶ。	
9	のこびきする	かま首墨口を墨半分でけら首まで横びきする（切り過ぎないよう注意）。	
10	のみで加工する 面を取る	1．けら首をのみで仕上げる。 　作業順序4で切断した木端を下に置いて加工する。　　　　　　　　　　　　　　（図8） 2．面を入る方向に対して30°の角度で大きさ5mm程度取る。　　　　　　　　（図9）	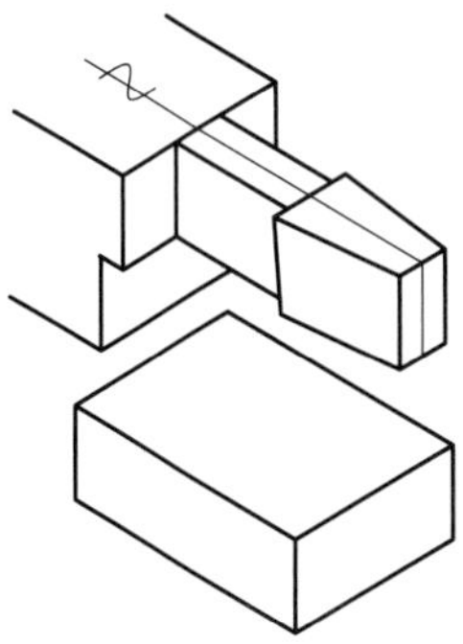 図8　加工図3 図9　面取り図 図10　完成図及び名称

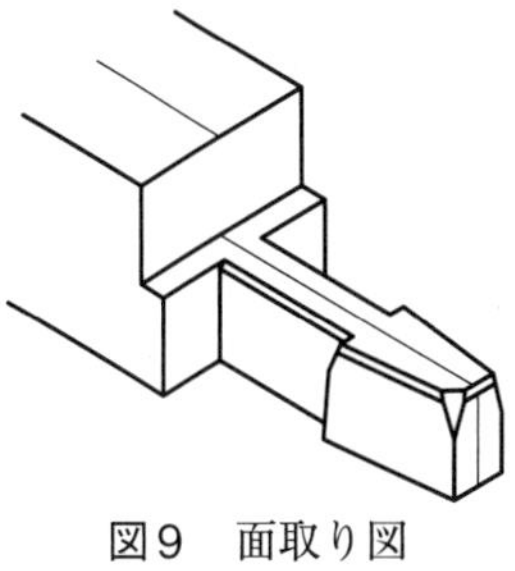

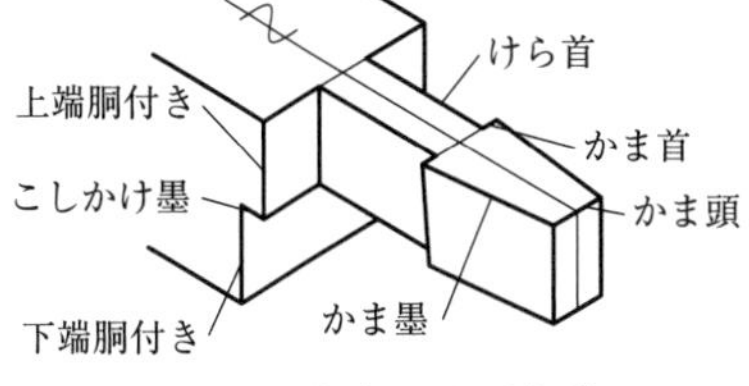

備考

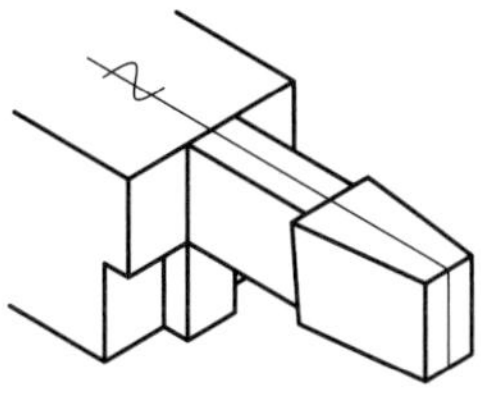

参考図　目違い付きこしかけかま継手

図10名称：上端胴付き，けら首，こしかけ墨，かま首，下端胴付き，かま墨，かま頭

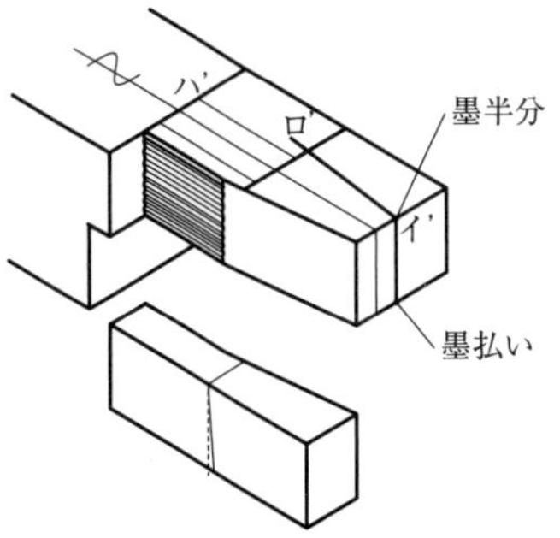

- 67 -

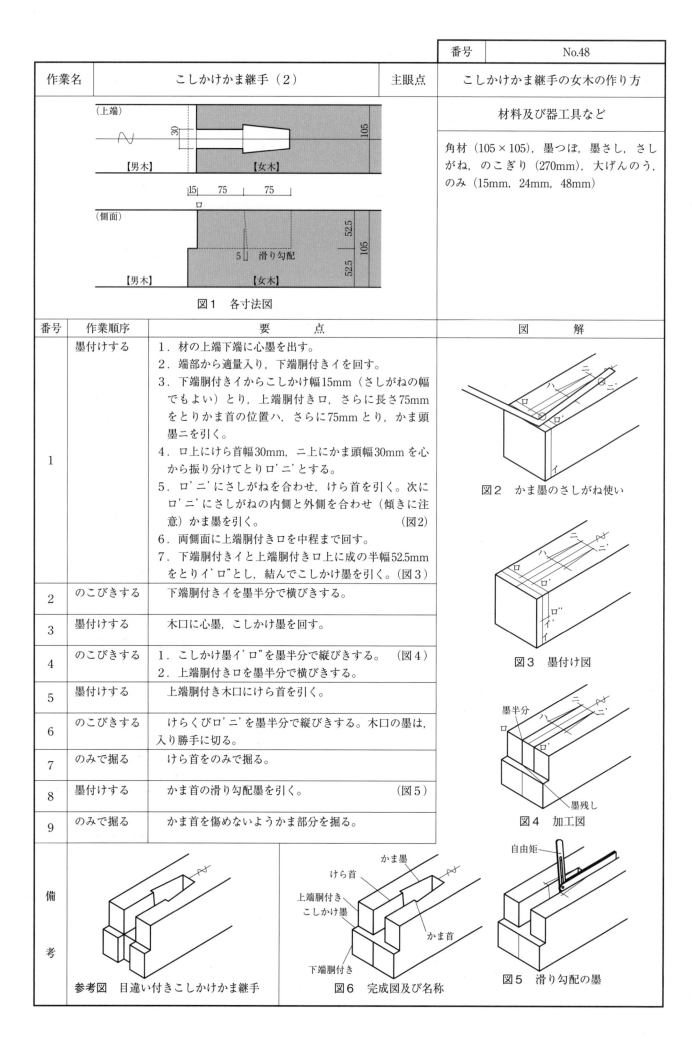

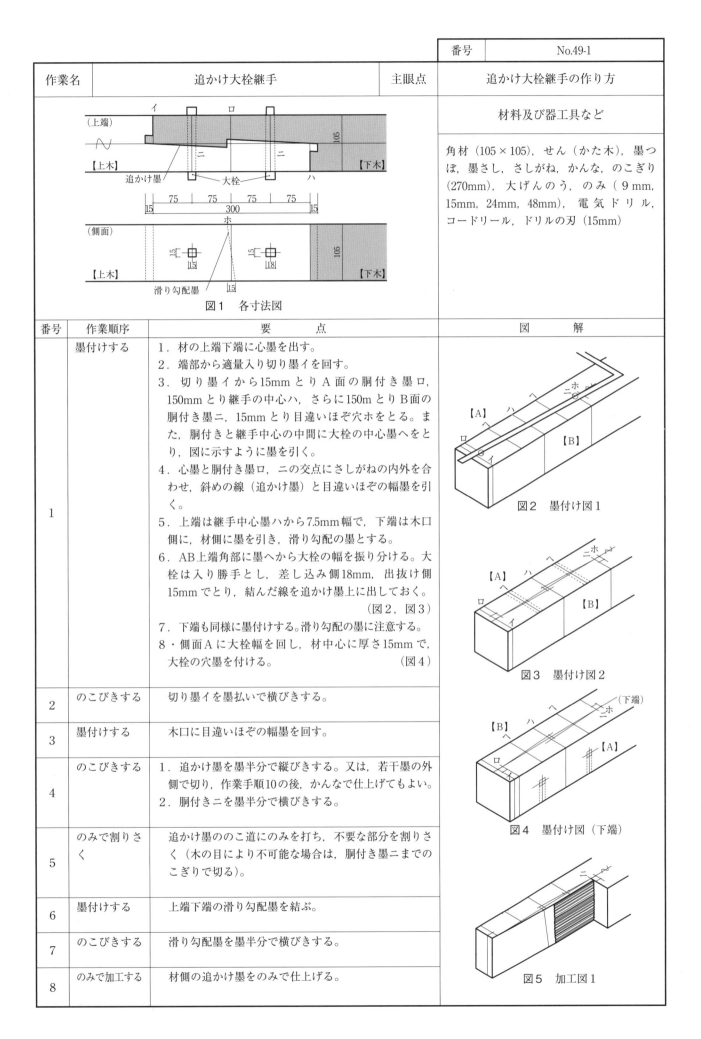

番号		No.49-2
作業名	追かけ大栓継手	主眼点	追かけ大栓継手の作り方

番号	作業順序	要　　点	図　　解
9	墨付けする	1．目違いほぞ穴の幅を墨付けする。 2．大栓の幅墨を加工面に回し，厚さ15mmで大栓穴墨を付ける。　　　　　　　　　　（図6）	図6　加工図2
10	のこびきする	1．目違いほぞを仕上げる。 2．目違いほぞ穴の幅を縦びきする。	
11	のみで加工する	1．目違いほぞ穴を掘る。 2．大栓穴を掘る。 3．面を入る方向に対して30°の角度で取る。	図7　完成図 上木も下木と同様に墨付け及び加工をする。 ただし，滑り勾配の傾きが反対になる点に注意する。
備考			

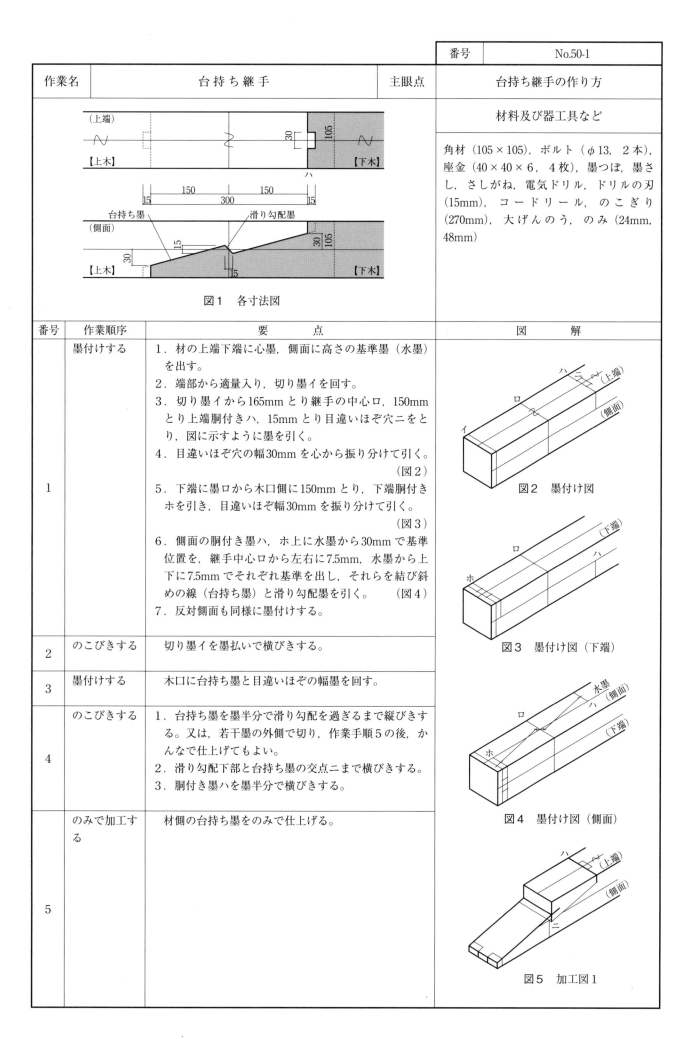

				番号	No.50-2
作業名		台持ち継手	主眼点	台持ち継手の作り方	

番号	作業順序	要　　　　点	図　　解
6	墨付けする	目違いほぞ，滑り勾配の墨を引く。　　　　　（図6）	
7	のこびきする	1．目違いほぞを仕上げる。 2．目違いほぞ穴の幅を縦びきする。	
8	のみで加工する	1．目違いほぞ穴を掘る。 2．滑り勾配部分を仕上げる。 3．面を入る方向に対して30°の角度で取る。	

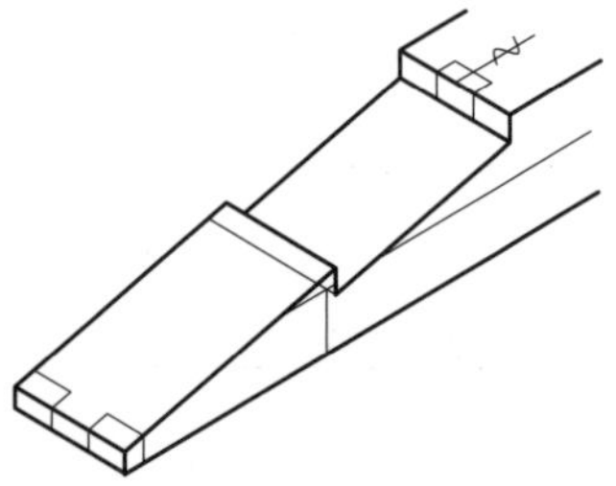

図6　加工図2

必要に応じてボルト穴をあける

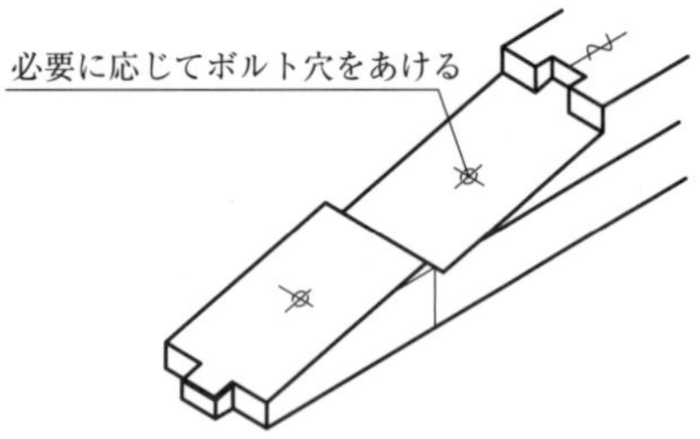

図7　完成図

上木は下木と同じ形状となる。

備考

作業名	金輪継手	主眼点	金輪継手の作り方

番号　No.51-1

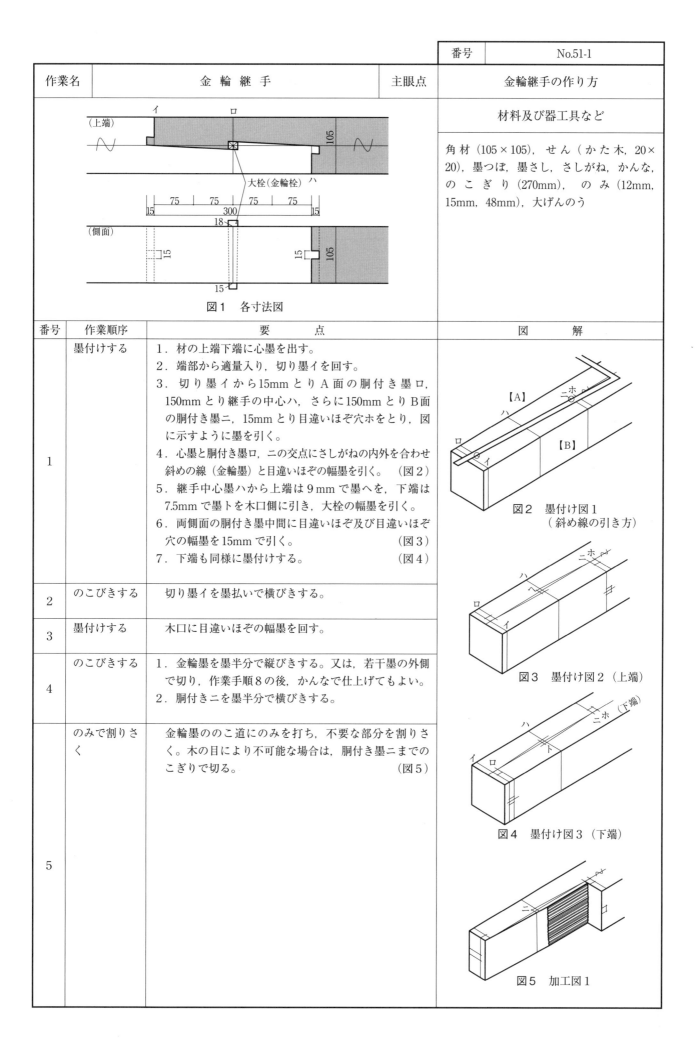

図1　各寸法図

材料及び器工具など

角材（105×105），せん（かた木，20×20），墨つぼ，墨さし，さしがね，かんな，のこぎり（270mm），のみ（12mm，15mm，48mm），大げんのう

番号	作業順序	要　点	図　解
1	墨付けする	1．材の上端下端に心墨を出す。 2．端部から適量入り，切り墨イを回す。 3．切り墨イから15mmとりA面の胴付き墨ロ，150mmとり継手の中心ハ，さらに150mmとりB面の胴付き墨ニ，15mmとり目違いほぞ穴ホをとり，図に示すように墨を引く。 4．心墨と胴付き墨ロ，ニの交点にさしがねの内外を合わせ斜めの線（金輪墨）と目違いほぞの幅墨を引く。（図2） 5．継手中心墨ハから上端は9mmで墨ヘを，下端は7.5mmで墨トを木口側に引き，大栓の幅墨を引く。 6．両側面の胴付き墨中間に目違いほぞ及び目違いほぞ穴の幅墨を15mmで引く。（図3） 7．下端も同様に墨付けする。（図4）	図2　墨付け図1（斜め線の引き方） 図3　墨付け図2（上端） 図4　墨付け図3（下端）
2	のこびきする	切り墨イを墨払いで横びきする。	
3	墨付けする	木口に目違いほぞの幅墨を回す。	
4	のこびきする	1．金輪墨を墨半分で縦びきする。又は，若干墨の外側で切り，作業手順8の後，かんなで仕上げてもよい。 2．胴付きニを墨半分で横びきする。	
5	のみで割りさく	金輪墨ののこ道にのみを打ち，不要な部分を割りさく。木の目により不可能な場合は，胴付き墨ニまでのこぎりで切る。（図5）	図5　加工図1

番号		No.51-2
作業名	金輪継手	主眼点	金輪継手の作り方

番号	作業順序	要点
6	墨付けする	上端下端の大栓幅墨へ，トを結ぶ。
7	のこびきする	大栓幅墨へ，トを墨半分で横びきする。
8	のみで加工する	材側の金輪墨をのみで仕上げる。
9	墨付けする	目違いほぞ穴の幅を墨付けする。（図6）
10	のこびきする	目違いほぞ，ほぞ穴幅と胴付きを切る。
11	のみで加工する	1．目違いほぞ穴を掘る。 2．面を入る方向に対して30°の角度で取る。

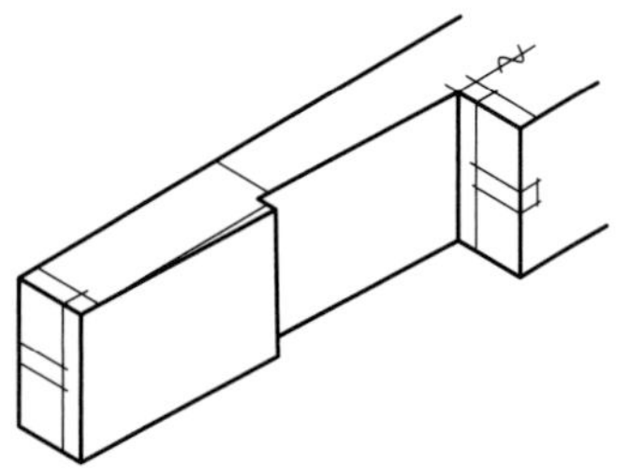

図6　加工図2

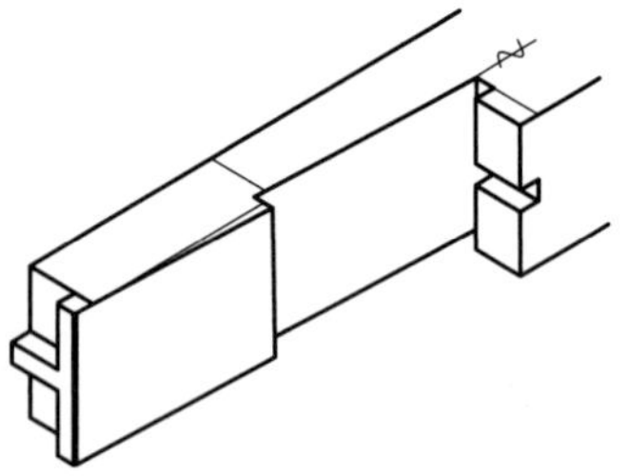

図7　完成図

金輪継手は，上木下木の区別がないため，同じ形状で墨付け及び加工する。

備考

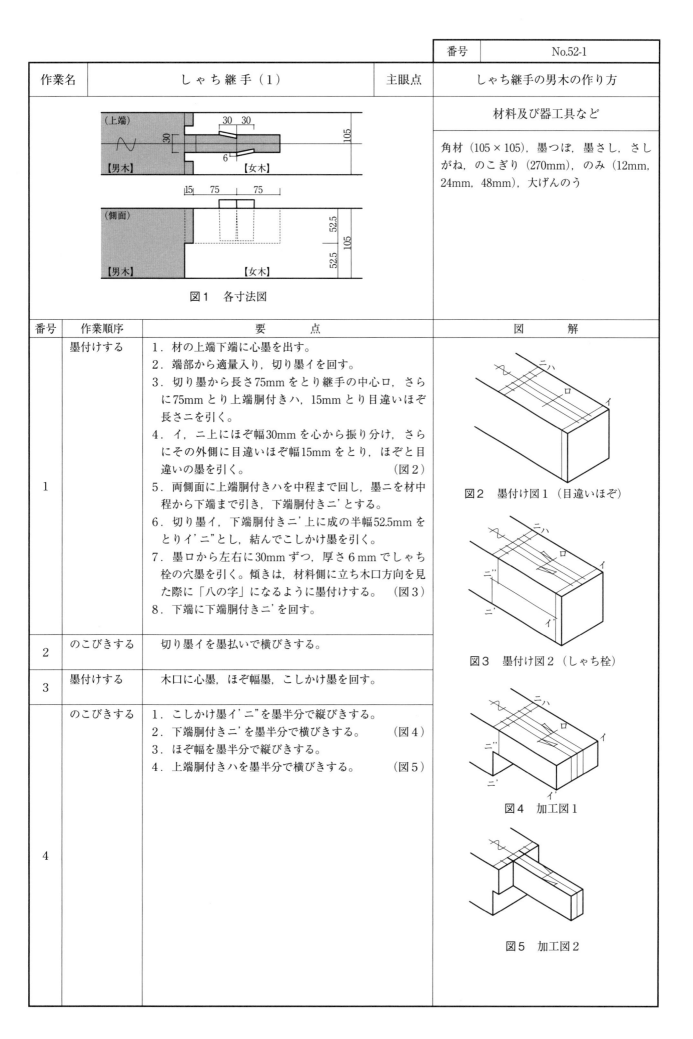

番号		No.52-2
作業名	しゃち継手（1） 主眼点	しゃち継手の男木の作り方

番号	作業順序	要　　　点	図　解
5	墨付けする	1．目違いほぞ幅を墨付けする。 2．しゃち栓穴墨をほぞ側面に引き勝手になるよう引く。　　　　　　　　　　　　　　　　（図6）	図6　墨付け図3（しゃち栓穴墨）
6	のこびきする	1．目違いほぞ幅を墨半分で縦びきする。 2．しゃち栓穴墨を墨半分で横びきする。	
7	のみで加工する 面を取る	1．目違いほぞ幅を掘る。 2．しゃち栓穴墨を仕上げる。 3．面を入る方向に対して30°の角度で大きさ5mm程度取る。　　　　　　　　　　　　　　（図7）	図7　完成図 矩形のしゃち栓を用いる場合もある。
備考			

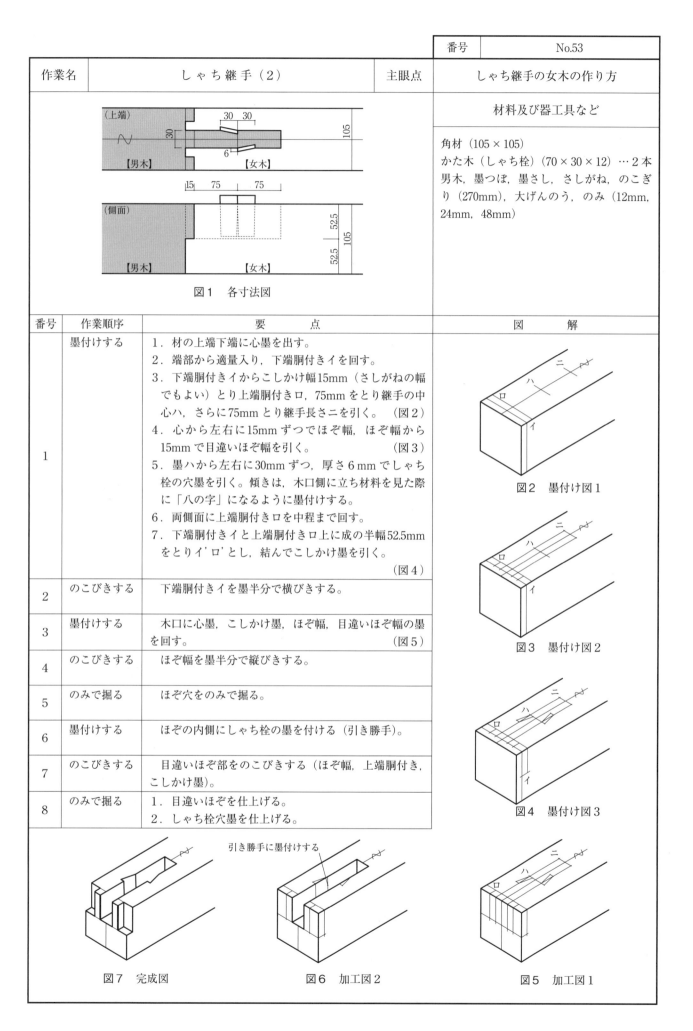

番号	No.53
作業名	しゃち継手（2）
主眼点	しゃち継手の女木の作り方

材料及び器工具など

角材（105×105）
かた木（しゃち栓）（70×30×12）…2本
男木，墨つぼ，墨さし，さしがね，のこぎり（270mm），大げんのう，のみ（12mm，24mm，48mm）

図1　各寸法図

番号	作業順序	要　点	図　解
1	墨付けする	1．材の上端下端に心墨を出す。 2．端部から適量入り，下端胴付きイを回す。 3．下端胴付きイからこしかけ幅15mm（さしがねの幅でもよい）とり上端胴付きロ，75mmをとり継手の中心ハ，さらに75mmとり継手長さニを引く。（図2） 4．心から左右に15mmずつでほぞ幅，ほぞ幅から15mmで目違いほぞ幅を引く。（図3） 5．墨ハから左右に30mmずつ，厚さ6mmでしゃち栓の穴墨を引く。傾きは，木口側に立ち材料を見た際に「八の字」になるように墨付けする。 6．両側面に上端胴付きロを中程まで回す。 7．下端胴付きイと上端胴付きロ上に成の半幅52.5mmをとりイ'ロ'とし，結んでこしかけ墨を引く。（図4）	図2　墨付け図1 図3　墨付け図2 図4　墨付け図3
2	のこびきする	下端胴付きイを墨半分で横びきする。	
3	墨付けする	木口に心墨，こしかけ墨，ほぞ幅，目違いほぞ幅の墨を回す。（図5）	
4	のこびきする	ほぞ幅を墨半分で縦びきする。	
5	のみで掘る	ほぞ穴をのみで掘る。	
6	墨付けする	ほぞの内側にしゃち栓の墨を付ける（引き勝手）。	
7	のこびきする	目違いほぞ部をのこびきする（ほぞ幅，上端胴付き，こしかけ墨）。	
8	のみで掘る	1．目違いほぞを仕上げる。 2．しゃち栓穴墨を仕上げる。	

図7　完成図　　　図6　加工図2　　　図5　加工図1

引き勝手に墨付けする

番号	No.54-1
作業名	大入れありかけ
主眼点	大入れありかけの作り方

材料及び器工具など

角材（105×105），墨つぼ，墨さし，さしがね，のこぎり（270mm），大げんのう，のみ（24mm, 48mm）

図1　各寸法図

番号	作業順序	要　点	図　解
1	墨付けする（女木）	1．材の上端下端に心墨を出す。 2．端部から適量入り，男木の心（柱心）を引く。 3．男木の心から左右に45mmずつ，女木の心から上下に15mmずつ振り分け，柱穴を墨付けする。 4．女木の心から40mmで男木の胴付きを引く。 5．男木の心から胴付き部で30mm，柱穴端で48mmを振り分け，あり墨を引く。 6．側面に男木の幅105mmを心から振り分け引き，上端から52.5mmにありの下端墨（まくり墨）を引く。 7．上端に男木の幅を回す。 8．下端に幅墨と胴付き墨を引く。　　　　（図2）	図2　墨付け図（女木）
2	墨付けする（男木）	1．材の上端下端に心墨を出す。 2．端部から適量入り，女木の心を引く。 3．女木の心から15mmでありの頭（切り墨），同じく心から40mmで胴付きを引く。 4．あり首30mm，あり頭48mmとり，あり墨を引く。 5．側面に上端から52.5mmでまくり墨を引く。（図3）	図3　墨付け図（男木）
3	のみで掘る（女木）	女木の柱穴を掘る。	
4	のこびきする	男木の幅を墨残しで横びきする。	
5	のみで掘る	男木との取合い部を加工する。	
6	墨付けする	あり首の墨とまくり墨を胴付き部に引く。	
7	のこびきする	あり墨を墨半分で横びきする（入り勝手）。	
8	のみで掘る	まくり墨で仕上げる。　　　　　　　　（図4）	図4　完成図（女木）

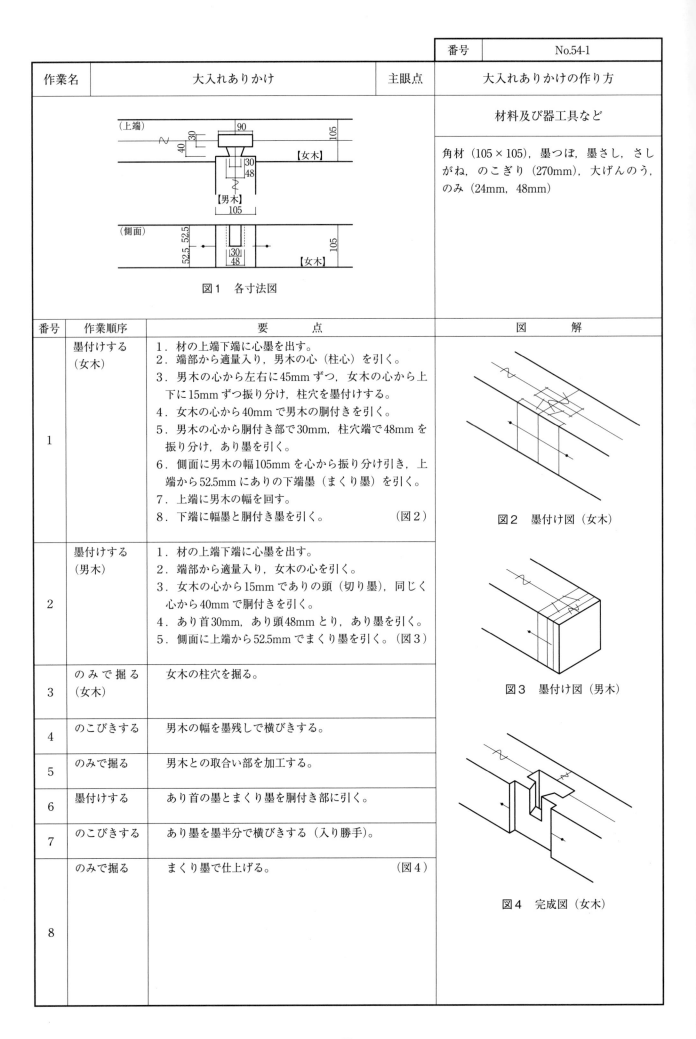

番号			No.54-2
作業名	大入れありかけ	主眼点	大入れありかけの作り方

番号	作業順序	要　　点	図　　解
9	のこびきする（男木）	あり頭（切り墨）を墨払いで横びきする。	
10	墨付けする	木口に心墨，あり頭墨，まくり墨を回す。	図5　完成図（男木）
11	のこびきする	1．まくり墨を墨半分で縦びきする。 2．胴付きを下端からまくり墨まで墨半分で切る。 3．あり頭を墨半分で縦びきする（入り勝手）。 4．胴付きを墨半分で横びきする。　　（図5）	
12	のみで加工する	面を角度30°，大きさ5mm程度で取る。	図6　組立図

備考

番号	No.55
作業名	えり輪入れ小根ほぞ差し割りくさび締め（1）
主眼点	男木の作り方

材料及び器工具など

角材（105×105），男木，くさび（2本），墨つぼ，墨さし，さしがね，のこぎり（270mm），のみ（24mm，48mm），大げんのう

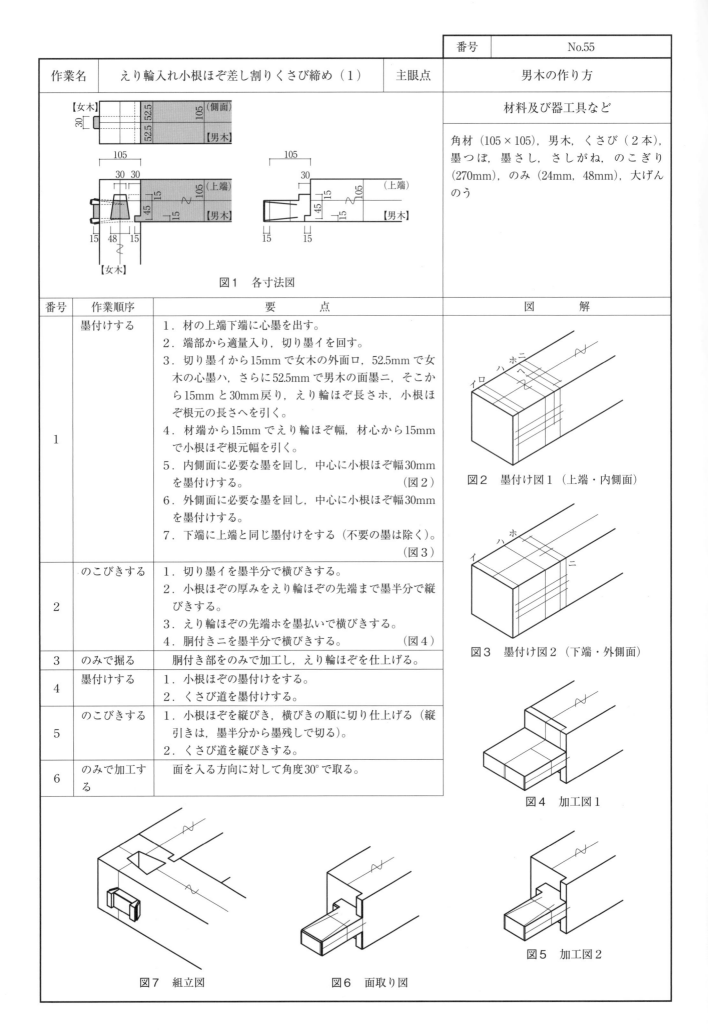

図1　各寸法図

番号	作業順序	要　点	図　解
1	墨付けする	1．材の上端下端に心墨を出す。 2．端部から適量入り，切り墨イを回す。 3．切り墨イから15mmで女木の外面ロ，52.5mmで女木の心墨ハ，さらに52.5mmで男木の面墨ニ，そこから15mmと30mm戻り，えり輪ほぞ長さホ，小根ほぞ根元の長さヘを引く。 4．材端から15mmでえり輪ほぞ幅，材心から15mmで小根ほぞ根元幅を引く。 5．内側面に必要な墨を回し，中心に小根ほぞ幅30mmを墨付けする。　　　　　　　　　　　　（図2） 6．外側面に必要な墨を回し，中心に小根ほぞ幅30mmを墨付けする。 7．下端に上端と同じ墨付けをする（不要の墨は除く）。　　　　　　　　　　　　　　　　　（図3）	図2　墨付け図1（上端・内側面） 図3　墨付け図2（下端・外側面）
2	のこびきする	1．切り墨イを墨半分で横びきする。 2．小根ほぞの厚みをえり輪ほぞの先端まで墨半分で縦びきする。 3．えり輪ほぞの先端ホを墨払いで横びきする。 4．胴付きニを墨半分で横びきする。　　　　（図4）	
3	のみで掘る	胴付き部をのみで加工し，えり輪ほぞを仕上げる。	
4	墨付けする	1．小根ほぞの墨付けをする。 2．くさび道を墨付けする。	
5	のこびきする	1．小根ほぞを縦びき，横びきの順に切り仕上げる（縦引きは，墨半分から墨残しで切る）。 2．くさび道を縦びきする。	図4　加工図1
6	のみで加工する	面を入る方向に対して角度30°で取る。	

図5　加工図2

図7　組立図　　　図6　面取り図

		番号	No.56
作業名	えり輪入れ小根ほぞ差し割りくさび締め（2）	主眼点	女木の作り方

図1　各寸法図

材料及び器工具など

角材（105×105），墨つぼ，墨さし，さしがね，のこぎり（270mm），のみ（24mm，48mm），大げんのう

番号	作業順序	要　点	図　解
1	墨付けする	1．材の上端下端に心墨を出す。 2．端部から適量入り，切り墨イを回す。 3．切り墨イから52.5mmで男木の心ロ，さらに52.5mmで男木の幅墨ハを引く。 4．男木の心から木口側に15mmで墨ニ，材側に45mmで墨ホを引く。 5．ニ上に30mm，ホ上に48mmを振り分けてとり，結んで扇ほぞ穴墨を墨付けする。 6．墨ハから木口側に15mm，材端から15mmとり，えり輪ほぞの穴墨を墨付けする。 7．内側面にえり輪の墨を回し，中心に小根ほぞの穴墨を墨する。　　　　　　　　　　　　（図2） 8．外側面に小根ほぞの穴墨を墨付けする。左右にくさびしろ3mmをとる。 9．下端にえり輪ほぞの穴墨を墨付けする。　（図3）	図2　墨付け図1（上端・内側面）
2	のみで掘る	1．扇ほぞ穴を掘る。 2．小根ほぞ穴を掘る。 3．くさびしろを掘る。	
3	のこびきする	えり輪ほぞの幅を墨半分で横びきする。	
4	のみで掘る	えり輪ほぞをのみで掘り仕上げる。	図3　墨付け図2（下端・外側面）
5	のこびきする	必要に応じ切り墨イを墨半分で横びきする。	
備考			図4　完成図 図5　組立図

番号		No.57
作業名	えり輪入れ小根ほぞ差し出すみ留め割りくさび締め（1） 主眼点	男木の作り方

材料及び器工具など

角材（105×105），くさび（2本），墨つぼ，墨さし，さしがね，のこぎり（270mm），大げんのう，のみ（15mm，24mm，48mm）

図1　各寸法図

番号	作業順序	要点	図解
1	墨付けする	1. 材の上端下端に心墨を出す。 2. 端部から適量入り，切り墨イを回す。 3. 切り墨イから15mmで留め先ロ，52.5mmで女木の心墨ハ，さらに52.5mmで男木の面墨ニを引く。 4. 女木心ハから42mmで胴付きホ，そこから木口側に15mmと30mm戻り，えり輪ほぞ長さへ，小根ほぞ根元の長さトを引く。 5. ロ，ニを結ぶ45°を引く。 6. ニからの45°線とホの交点に15mm角でえり輪ほぞの墨，材心から15mmで小根ほぞ根元幅チを引く。 7. 内側面に必要な墨を回し，中心に小根ほぞ幅30mmを墨付けする。（図2） 8. 外側面に必要な墨を回す。 9. 下端に上端と同じ墨付けをする（不要の墨は除く）。（図3）	図2　墨付け図1 図3　墨付け図2
2	のこびきする	1. 切り墨イを墨半分で横びきする。 2. 留め厚と小根ほぞ根元幅チは胴付きまで，心墨（小根ほぞの狭い部分）を墨半分で墨トまで縦びきする。 3. その他，小根ほぞの厚み，えり輪ほぞの先端墨，留めなど，のこぎりがひける場所はできる限りひく。	
3	のみで加工する	1. 留め厚と小根ほぞ根元幅の間を掘る。 2. その他，墨を付けながら全てのみで加工し，形状を作り出す。	
4	のこびきする	くさび道を縦びきする。	
5	のみで加工する	面を入る方向に対して角度30°で取る。	
備考			図4　完成図 図5　組立図

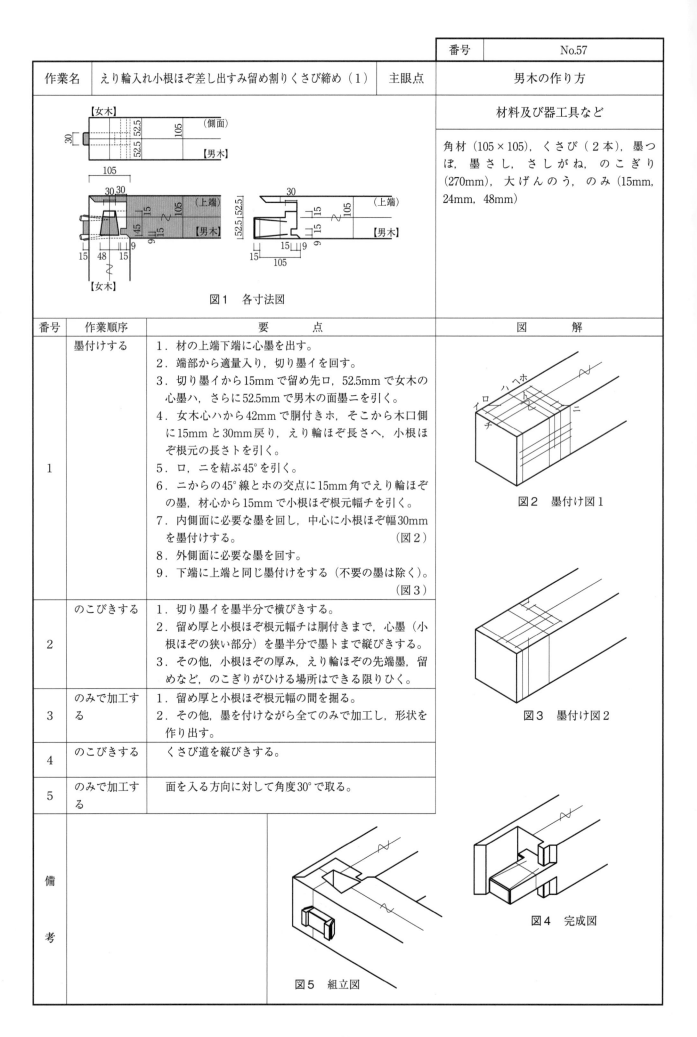

				番号	No.58
作業名	えり輪入れ小根ほぞ差し出すみ留め割りくさび締め（2）		主眼点		女木の作り方

材料及び器工具など

角材（105×105），墨つぼ，墨さし，さしがね，のこぎり（270mm），のみ（24mm，48mm），大げんのう

図1　各寸法図

番号	作業順序	要　点	図　解
1	墨付けする	1．材の上端下端に心墨を出す。 2．端部から適量入り，切り墨イを回す。 3．切り墨イから52.5mmで男木の心口，さらに52.5mmで男木の幅墨ハを引く。 4．イから15mmで留め厚ニ，男木心口から木口側に15mmでホ，材側に45mmでヘを引く。 5．ホ上に30mm，ヘ上に48mmを振り分けてとり，結んで扇ほぞ穴墨を墨付けする。 6．材心から42mmで胴付き墨を引く。 7．イ，ハを結ぶ45°の墨を引く。 8．ハからの45°墨と胴付き墨の交点から15mm角でえり輪ほぞ墨を墨付けする。 9．内側面に必要な墨を回し，中心に小根ほぞの厚さ墨30mmを墨付けする。　　　　　　　　（図2） 10．外側面に必要な墨を回し，中心に小根ほぞの厚さ30mmを墨付けする。 11．下端に必要な墨付けをする（胴付き墨，えり輪ほぞ穴墨，留め厚墨，留め）。　　　　　（図3）	図2　墨付け図1 図3　墨付け図2
2	のみで掘る	1．扇ほぞ穴を掘る。 2．小根ほぞ穴を掘る。 3．くさびしろを掘る。	
3	のこびきする	1．えり輪ほぞを墨半分で横びきする。 2．胴付き墨を墨半分で縦びきする。 3．留め部（45°）を墨半分で切る。 4．留め厚部ニを墨半分で横びきする。	
4	のみで掘る	えり輪ほぞをのみで掘り仕上げる。	
備考		図5　組立図	図4　完成図

番号	No.59
作業名	大入れあり落とし
主眼点	大入れあり落とし仕口の作り方

材料及び器工具など

角材（105×105），墨つぼ，墨さし，さしがね，のこぎり（270mm），大げんのう，のみ（24mm，48mm）

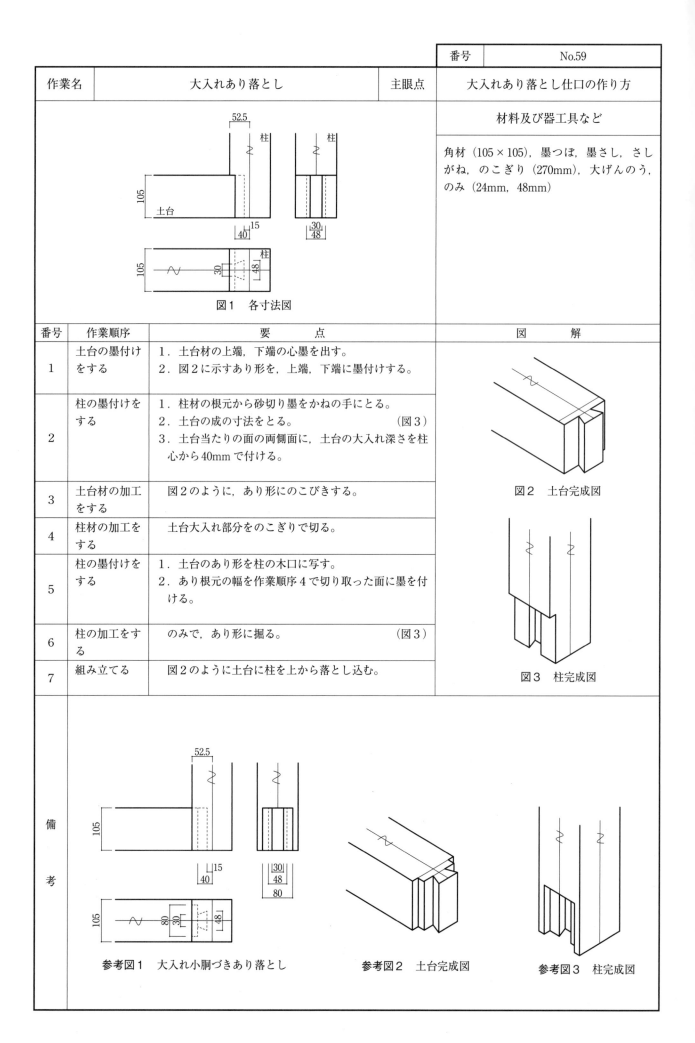

図1　各寸法図

番号	作業順序	要点	図解
1	土台の墨付けをする	1．土台材の上端，下端の心墨を出す。 2．図2に示すあり形を，上端，下端に墨付けする。	
2	柱の墨付けをする	1．柱材の根元から砂切り墨をかねの手にとる。 2．土台の成の寸法をとる。　　　　　（図3） 3．土台当たりの面の両側面に，土台の大入れ深さを柱心から40mmで付ける。	図2　土台完成図
3	土台材の加工をする	図2のように，あり形にのこびきする。	
4	柱材の加工をする	土台大入れ部分をのこぎりで切る。	
5	柱の墨付けをする	1．土台のあり形を柱の木口に写す。 2．あり根元の幅を作業順序4で切り取った面に墨を付ける。	図3　柱完成図
6	柱の加工をする	のみで，あり形に掘る。　　　　　　　（図3）	
7	組み立てる	図2のように土台に柱を上から落とし込む。	

備考

参考図1　大入れ小胴づきあり落とし　　参考図2　土台完成図　　参考図3　柱完成図

番号	No.60
作業名	かたぎ大入れ短ほぞ差し，羽子板ボルト締め
主眼点	かたぎ大入れ短ほぞ差しの作り方と羽子板ボルト締めの仕方

図1　各寸法図

材料及び器工具など

角材（105×105）…柱材
　　　（105×150）…横架材
羽子板ボルト（φ12）
ボルト　　　（φ12）
座金（40×40×6）
墨つぼ，墨さし，さしがね，のこぎり（270mm），大げんのう，スパナ，のみ（24mm，48mm），ラチェットレンチ，ボルトぎり（φ15）

番号	作業順序	要点	図解
1	柱材へ墨付けをする	1．柱へ横架材上端墨イを付ける。 2．イから横架材の成をとり，墨イ'とする。 3．イから10mm下がりほぞ穴の上端ニを引く。 4．イ'から横架材の腰かけ長さ15mm（イ'～ロ'）を両側面にとり，イ～ロ'を結ぶ　　　（図1（a）） 5．柱の心墨から左右へ15mm振り分け，ほぞ穴の墨（ハ～ハ'）を付ける。　　　（図1（b））	図2　横架材完成図
2	横架材の墨付けをする	1．材の上端下端に心墨を出す。　　（図2） 2．端部から適量入り，切り墨ハ～ハ'を回す。 3．切り墨ハ～ハ'から25mmで柱面イ'～イ'の位置を出す。 4．イ'から15mmでロ'を出し，イと結んで胴付き墨を引く。 5．上端から10mm下がったところにニを上端に平行に引く（ほぞ上端墨）。 6．上端下端にほぞ幅30mmを心から振り分けて引く。	
3	横架材を加工する	1．切り墨ハ～ハ'を墨半分で横びきする。 2．木口にほぞ幅墨を回す。 3．ほぞ幅及びほぞ上端墨を墨半分で縦びきする。 4．胴付きを墨半分で横びきする。 5．ほぞ先端に30°の角度で面を取る。	図3　完成図
4	柱を加工する	1．ほぞ穴をのみで掘る。 2．イ～ロ'及びイ'～ロ'の傾き大入れの部分を欠き取る。　　　（図1）	
5	ボルトの穴あけをする	1．柱に横架材上端及び下端から15～21mmにボルト穴心を出す。　　　（参考図） 2．横架材に，柱面から羽子板ボルトの穴心を出す。 3．ボルトぎりで，面に垂直に穴あけする。（図3）	参考　羽子板ボルト　M12（Z金物）
6	組み立てる	1．柱，横架材を組み合わせる。 2．羽子板ボルトを柱に差し込む。 3．横架材の羽子板部分をボルトで仮締めする。 4．柱外面は座金を用いて，ナットを仮締めする。 5．胴付きを合わせながら，均等に締め付ける。	参考図 こし高羽子板ボルト L[mm]：280，310，340，370，400，430
備考	Aタイプ：通し柱と胴差し及び2階ばりが取り付く場合など，羽子板ボルトが同一高さになる場合に用いる。 Bタイプ：通常の場合に用いる。		

作業名	渡りあごかけ		主眼点	渡りあごかけの作り方

番号　No.61

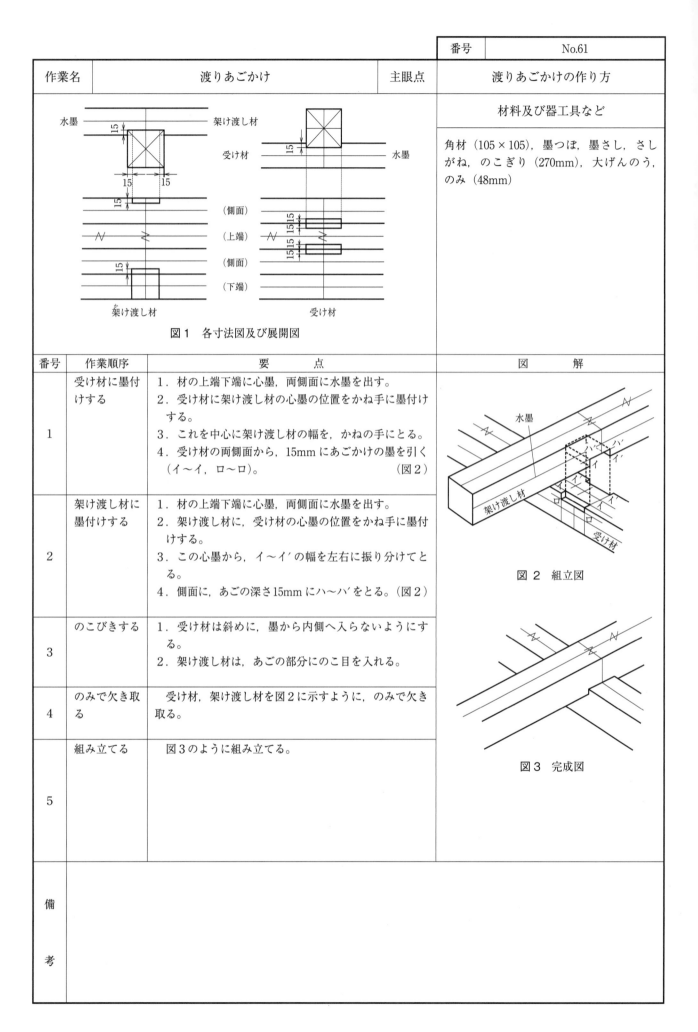

図1　各寸法図及び展開図

番号	作業順序	要点	図解
1	受け材に墨付けする	1．材の上端下端に心墨、両側面に水墨を出す。 2．受け材に架け渡し材の心墨の位置をかね手に墨付けする。 3．これを中心に架け渡し材の幅を、かねの手にとる。 4．受け材の両側面から、15mmにあごかけの墨を引く（イ～イ，ロ～ロ）。　　　　　　　　　　（図2）	
2	架け渡し材に墨付けする	1．材の上端下端に心墨、両側面に水墨を出す。 2．架け渡し材に、受け材の心墨の位置をかね手に墨付けする。 3．この心墨から、イ～イ'の幅を左右に振り分けてとる。 4．側面に、あごの深さ15mmにハ～ハ'をとる。（図2）	図2　組立図
3	のこびきする	1．受け材は斜めに、墨から内側へ入らないようにする。 2．架け渡し材は、あごの部分にのこ目を入れる。	
4	のみで欠き取る	受け材、架け渡し材を図2に示すように、のみで欠き取る。	
5	組み立てる	図3のように組み立てる。	図3　完成図

材料及び器工具など

角材（105×105），墨つぼ，墨さし，さしがね，のこぎり（270mm），大げんのう，のみ（48mm）

備考

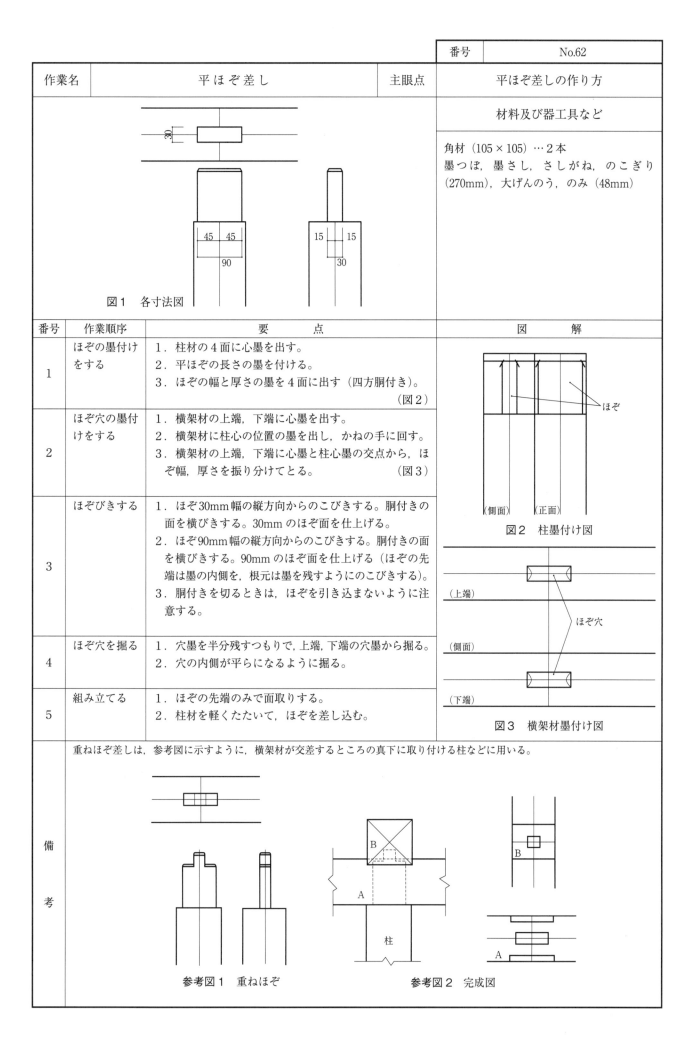

				番号	No.63
作業名		長ほぞ差し，こみ栓打ち	主眼点	長ほぞ差し，こみ栓打ちの作り方	

図1　柱寸法図　　図2　横架材寸法図

材料及び器工具など

角材（105×105）…2本
こみ栓（かた木）
　（20×20×150）…1本
墨つぼ，墨さし，さしがね，のこぎり（270mm），大げんのう，のみ（12mm，15mm，48mm）

番号	作業順序	要　　点	図　　解
1	ほぞの墨付けをする	1．柱材の4面に心墨を出す。 2．ほぞの長さの墨を付ける（横架材の成以上）。 3．ほぞの幅と厚さの墨を4面に出す。　（図1）	
2	ほぞ穴，こみ栓穴の墨付けをする	1．横架材の上端，下端に心墨を出す。 2．横架材に柱心の位置の墨を出し，かねの手に回す。 3．横架材の上端，下端に心墨の交点から，ほぞ幅，厚さを振り分ける。 4．横架材の側面の中心から下側へ（心返りの場合），15mm角のこみ栓穴の墨を付ける。　（図2）	図3
3	ほぞびきする	1．ほぞ30mm幅の縦方向からのこびきする。胴付きの面を横びきする。30mmのほぞ面を仕上げる。 2．ほぞ90mm幅の縦方向からのこびきする。胴付きの面を横びきする。90mmのほぞ面を仕上げる（ほぞの先端は墨の内側を，根元は墨を残すようにのこびきする）。 3．胴付きを切るときは，ほぞを引き込まないように注意する。 4．ほぞの先端をのみで面取りする。	
4	ほぞ穴を掘る	1．穴墨を半分残すつもりで，上端，下端の穴墨から掘る。 2．穴の内面が，平らになるように掘る。 3．ほぞの先端をのみで面取りする。	
5	こみ栓穴の墨付けをする	横架材のこみ栓穴を柱材のほぞに写す。このとき，胴付き側へ1.5mm程度寄せる。	
6	こみ栓穴を掘る	横架材，柱のこみ栓穴を掘る。　（図3）	
7	こみ栓を作る	1．かた木15mm角よりやや大きく作る。 2．先端を面取りする。	
8	組み立てる	1．柱材を軽くたたいて，ほぞを差し込む。 2．こみ栓を打ち込む。	
備考	こみ栓を引き勝手とする為，こみ栓の面取りの他，栓のこみ栓穴に面を取る場合もある。		

番号	No.64
作業名	地ごくほぞ差し
主眼点	地ごくほぞ差しの作り方

材料及び器工具など

角材（105×105）…2本
くさび…2本
墨つぼ，墨さし，さしがね，のこぎり（270mm），大げんのう，のみ（24mm，48mm）

図1　完成図

番号	作業順序	要　点	図　解
1	ほぞの墨付けをする	1. 柱材の4面に心墨を出す。 2. ほぞの長さを，横架材の成の1/2から約5mm短くとる。 3. ほぞの幅と厚さの墨を4面に出す。 （図2（b），（c））	
2	ほぞ穴の墨付けをする	1. 横架材の上端下端に，心墨を出す。 2. 柱心の位置の心墨を出す。 3. 下端に心墨からほぞ穴墨を出す。 （図2（a），（b））	
3	ほぞ穴を掘る	1. ほぞ穴は，深さを横架材の成の1/2にする。 2. ほぞ穴は，中で広がるあり形に掘る。（図2（b））	
4	ほぞびきをする	1. ほぞの縦方向からのこびきする。 2. 胴付きを横方向にのこびきする。 3. ほぞ長さを，ほぞ穴の深さより約5mm短く取る。 4. くさび道を縦びきで引き込む。 5. 面を取る。	
5	組み立てる	1. くさびを打ち込まないで，仮組み立てし，胴付きが密着したとき，柱，横架材とが直交しているかを調べる。 2. くさびを，ほぞ先が広がらない程度にくさび道へ差し込む。 3. ほぞ穴へ差し込み，胴付きが密着するまでたたき込む。	図2　各寸法図

備考

参考図1，2に平ほぞを差し，くさび締めを示す。
（注意）くさび道をのこびきしないで，組み立て後にのみで，くさび道を作ってしまうと，くさびは入りにくい。

参考図1　各寸法図　　　　参考図2　完成図

				番号	No.65
作業名	かぶとありかけ（1）		主眼点	丸太はり材の仕口の作り方	

材料及び器工具など

まつ丸太（末口150），墨つぼ，墨さし，さしがね，のこぎり（270mm），大げんのう，のみ（48mm）

図1　墨かけ図

番号	作業順序	要　点	図　解
1	準備する	砂切りし，心墨を出す。　　　　　　　（No.28参照）	
2	墨付けする	1．木口心墨イ～イに直角に峠墨ロ～ロを写す。 2．桁に大入れになる部分の墨を付ける。　　（図2）	
3	たいこに落とす	1．ちょうな（No.25参照）で両側面をたいこに落とす。 2．上端のイ～ハ～ハ部分を切り落とす。　　（図3）	図2　墨付け図1
4	墨付けする	1．峠墨ロ～ロより下へ15mmにホ～ホをとり，両側面へ，かねの手に回す。 2．心墨イ～イから左右へ振り分けて，上端からたる木幅をとる。またホ～ホから下へ，ありの先端の幅をとる。 3．峠幅ロ～ロから，ありの下端墨ニ～ニを桁の成の1／2にとる。 4．両側に，木口から15mm（桁心から桁ほぞ穴の1／2の長さに相当する長さ）にホ′～ニ′を付ける。 5．同じく，ホ′～ニ′からありの長さ30mmにホ″～ニ″を付ける。 6．丸太下端にあり墨を付ける。 7．木口にあり墨の延長された幅墨をかく。 8．たる木掘りの上端墨㋑を，峠墨ロと勾配から墨打ちする。	図3　墨付け図2
5	のこびきする	1．木口から，あり上端ホ～ホ，あり下端ニ～ニを縦びきでひき込む。 2．丸太下端から，あり墨を縦びきでひき込む。 3．たる木掘りの溝の両側を縦びきでひき込む。	
6	のみで削る	1．あり形を図4に示すように，のみで削る。 2．たる木掘りをする。	図4　完成図
備考			

作業名	かぶとありかけ（2）	主眼点	ひかり方

番号　No.66

材料及び器工具など

松丸太（末口150），角材（105×105），板（ひかり板），墨つぼ，墨さし，さしがね

図1　墨付け図及び名称

番号	作業順序	要　点	図　解
1	はりの断面をひかり板に写す	1. はりの下端を上にして，はり材を据え付ける。 2. ひかり板の中心と，はりの心墨とを合わせる。 3. はりの下端に，ひかり板を据え付ける。（図2） 　（ひかり板の中央のくぼみを足で押さえる）。 4. さしがねをはり側面に図2のように当て，そのときのさしがねの位置を，ひかり板に真ん中から外へ向かって墨付けする。（図3）	図2　ひかり作業（板の当て方） 図3　ひかり作業（形状取り）
2	ひかり板から桁材へ写す	1. はりの峠から下端までの寸法を，桁の側面に，桁上端からとり，はり下端の墨付けをする。 2. 桁にかかるはりの心の位置を，桁に墨付する。 3. ひかり板の基準面を，（作業順序1で得た）はり下端墨に当てる。 4. ひかり板にはりの断面を写した墨にさしがねを合わせ，桁に墨を付ける。（図4，図5）	図4　ひかり作業（板の当て方）
3	ありかけの墨付けをする	図4に示すように，ロから桁上端へ，かねの手に回し，ありかけの墨を付ける。	図5　ひかり作業（形状写し）
4	のみで掘る	ありかけの墨にならって，のみで掘る。（図1）	
備考	参考図　完成図		

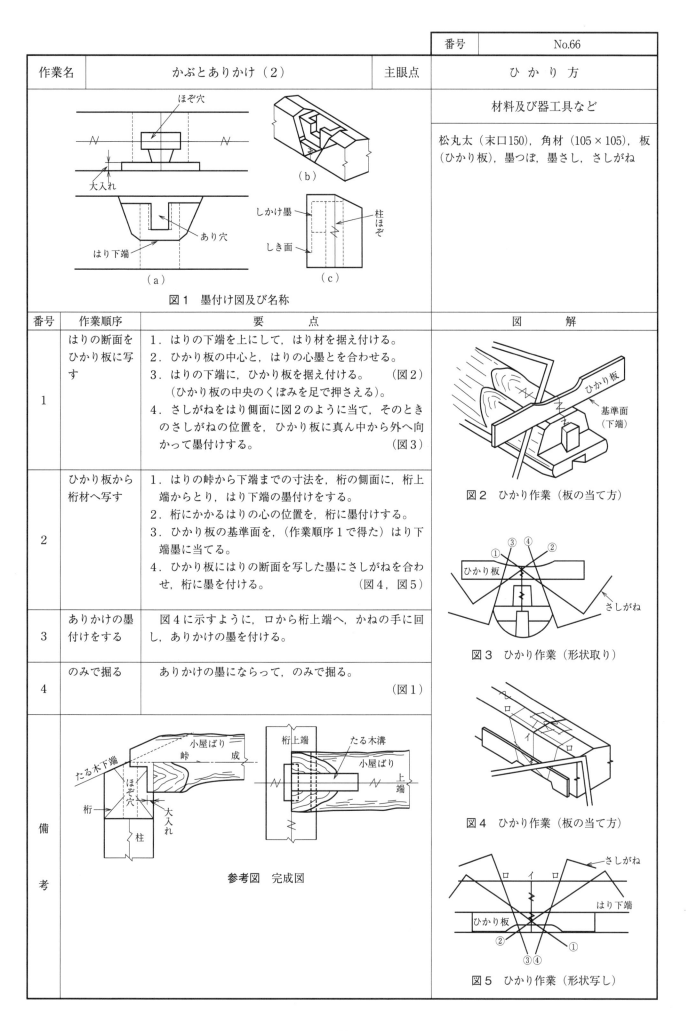

作業名	ねじ組み（1）	主眼点	ねじ組みの上木の作り方

番号　No.67

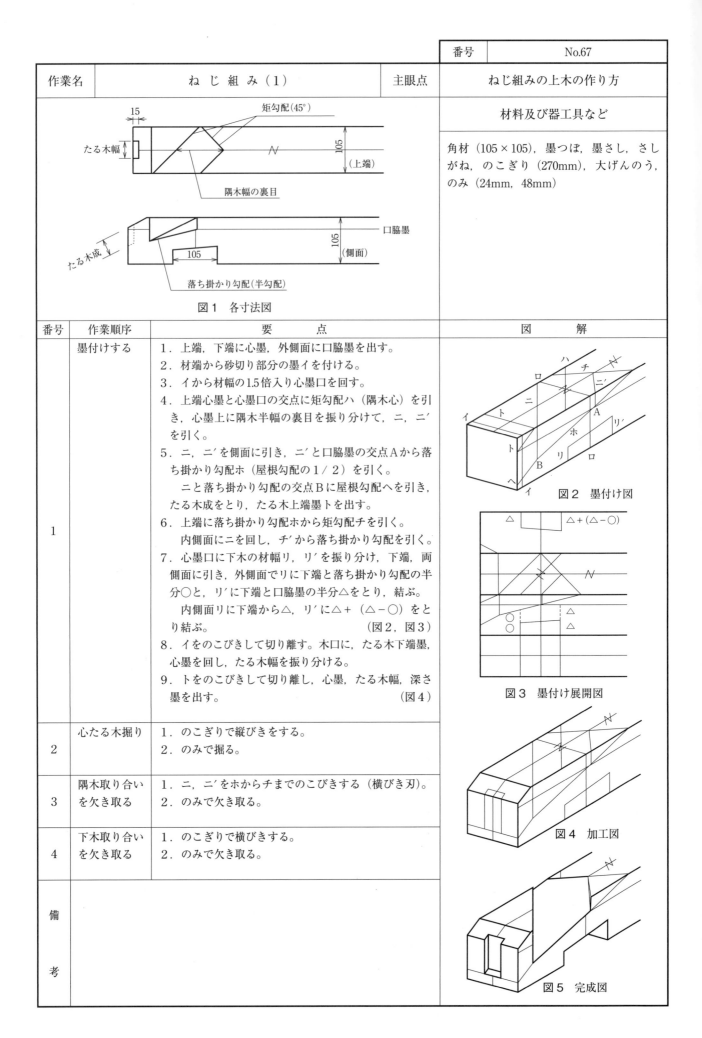

図1　各寸法図

材料及び器工具など

角材（105×105），墨つぼ，墨さし，さしがね，のこぎり（270mm），大げんのう，のみ（24mm，48mm）

番号	作業順序	要　点	図　解
1	墨付けする	1．上端，下端に心墨，外側面に口脇墨を出す。 2．材端から砂切り部分の墨イを付ける。 3．イから材幅の1.5倍入り心墨口を回す。 4．上端心墨と心墨口の交点に矩勾配ハ（隅木心）を引き，心墨上に隅木半幅の裏目を振り分けて，ニ，ニ′を引く。 5．ニ，ニ′を側面に引き，ニ′と口脇墨の交点Aから落ち掛かり勾配ホ（屋根勾配の1/2）を引く。 　ニと落ち掛かり勾配の交点Bに屋根勾配へを引き，たる木成をとり，たる木上端墨トを出す。 6．上端に落ち掛かり勾配ホから矩勾配チを引く。 　内側面にニを回し，チ′から落ち掛かり勾配を引く。 7．心墨口に下木の材幅リ，リ′を振り分け，下端，両側面に引き，外側面でリに下端と落ち掛かり勾配の半分○と，リ′に下端と口脇墨の半分△をとり，結ぶ。 　内側面リに下端から△，リ′に△＋（△－○）をとり結ぶ。　　　　　　　　　　　（図2，図3） 8．イをのこびきして切り離す。木口に，たる木下端墨，心墨を回し，たる木幅を振り分ける。 9．トをのこびきして切り離し，心墨，たる木幅，深さ墨を出す。　　　　　　　　　　　（図4）	図2　墨付け図 図3　墨付け展開図
2	心たる木掘り	1．のこぎりで縦びきをする。 2．のみで掘る。	
3	隅木取り合いを欠き取る	1．ニ，ニ′をホからチまでのこびきする（横びき刃）。 2．のみで欠き取る。	図4　加工図
4	下木取り合いを欠き取る	1．のこぎりで横びきする。 2．のみで欠き取る。	
備考			図5　完成図

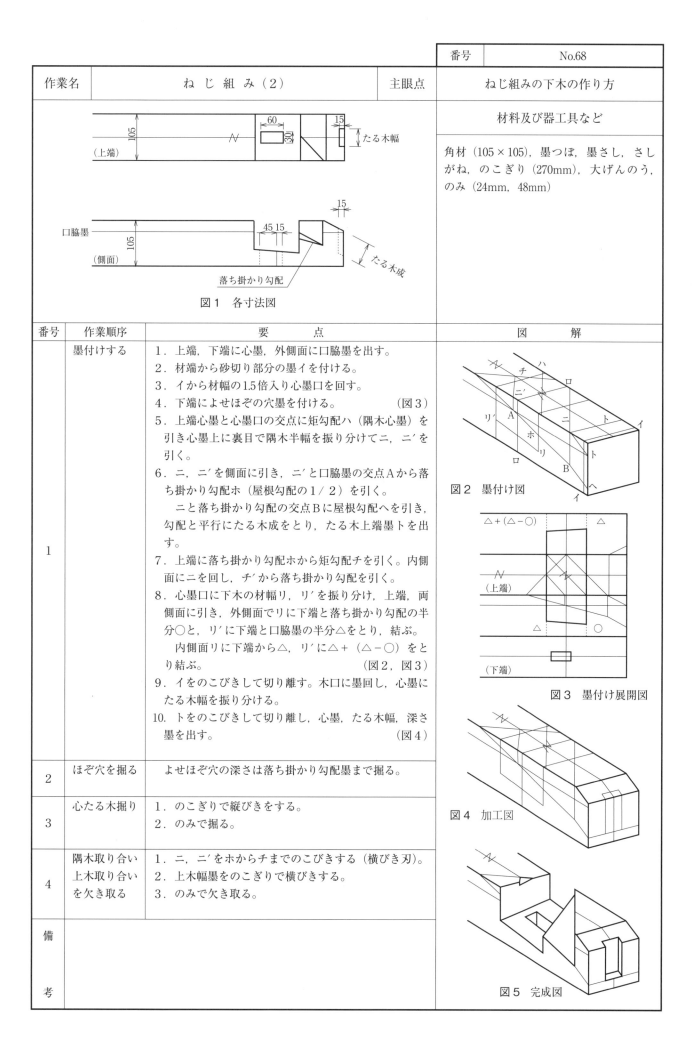

番号		No.68
作業名	ねじ組み（2） 主眼点	ねじ組みの下木の作り方

材料及び器工具など

角材（105×105），墨つぼ，墨さし，さしがね，のこぎり（270mm），大げんのう，のみ（24mm，48mm）

図1　各寸法図

番号	作業順序	要　　点	図　解
1	墨付けする	1．上端，下端に心墨，外側面に口脇墨を出す。 2．材端から砂切り部分の墨イを付ける。 3．イから材幅の1.5倍入り心墨口を回す。 4．下端によせほぞの穴墨を付ける。　　　（図3） 5．上端心墨と心墨口の交点に矩勾配ハ（隅木心墨）を引き心墨上に裏目で隅木半幅を振り分けてニ，ニ′を引く。 6．ニ，ニ′を側面に引き，ニ′と口脇墨の交点Aから落ち掛かり勾配ホ（屋根勾配の1/2）を引く。 　ニと落ち掛かり勾配の交点Bに屋根勾配ヘを引き，勾配と平行にたる木成をとり，たる木上端墨トを出す。 7．上端に落ち掛かり勾配ホから矩勾配チを引く。内側面にニを回し，チ′から落ち掛かり勾配を引く。 8．心墨口に下木の材幅リ，リ′を振り分け，上端，両側面に引き，外側面でリに下端と落ち掛かり勾配の半分○と，リ′に下端と口脇墨の半分△をとり，結ぶ。 　内側面リに下端から△，リ′に△＋（△－○）をとり結ぶ。　　　　　　　　　　（図2，図3） 9．イをのこびきして切り離す。木口に墨回し，心墨にたる木幅を振り分ける。 10．トをのこびきして切り離し，心墨，たる木幅，深さ墨を出す。　　　　　　　　　　（図4）	図2　墨付け図 図3　墨付け展開図 図4　加工図 図5　完成図
2	ほぞ穴を掘る	よせほぞ穴の深さは落ち掛かり勾配墨まで掘る。	
3	心たる木掘り	1．のこぎりで縦びきをする。 2．のみで掘る。	
4	隅木取り合い 上木取り合い を欠き取る	1．ニ，ニ′をホからチまでのこびきする（横びき刃）。 2．上木幅墨をのこぎりで横びきする。 3．のみで欠き取る。	
備考			

		番号	No.69
作業名	棒 隅 木	主眼点	棒隅木の作り方

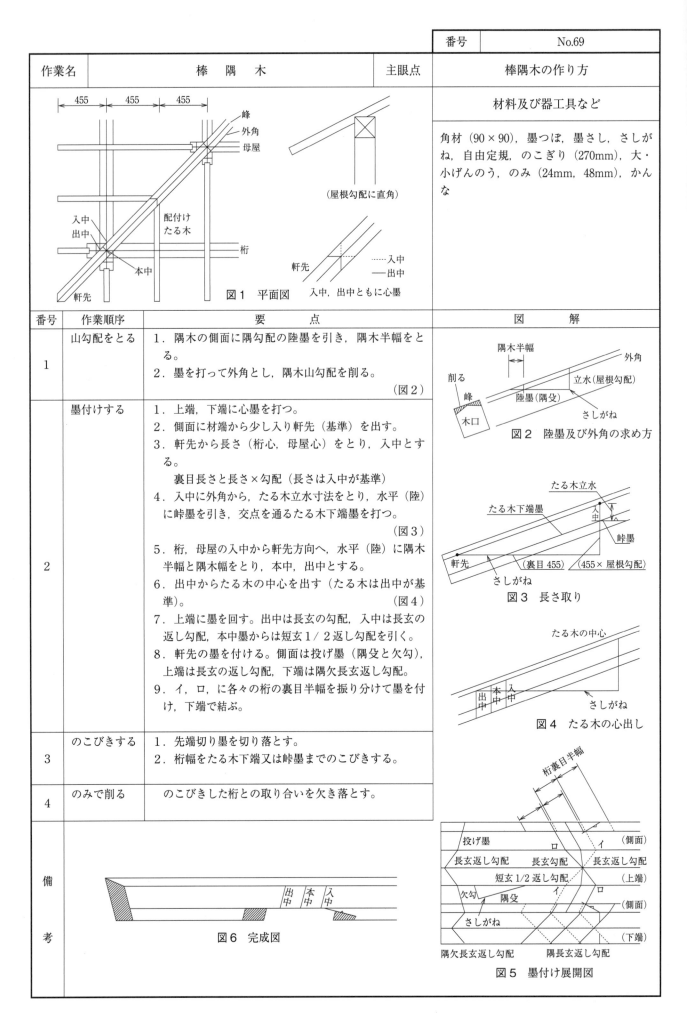

材料及び器工具など

角材（90×90），墨つぼ，墨さし，さしがね，自由定規，のこぎり（270mm），大・小げんのう，のみ（24mm，48mm），かんな

番号	作業順序	要　点
1	山勾配をとる	1．隅木の側面に隅勾配の陸墨を引き，隅木半幅をとる。 2．墨を打って外角とし，隅木山勾配を削る。 （図2）
2	墨付けする	1．上端，下端に心墨を打つ。 2．側面に材端から少し入り軒先（基準）を出す。 3．軒先から長さ（桁心，母屋心）をとり，入中とする。 　　裏目長さと長さ×勾配（長さは入中が基準） 4．入中に外角から，たる木立水寸法をとり，水平（陸）に峠墨を引き，交点を通るたる木下端墨を打つ。 （図3） 5．桁，母屋の入中から軒先方向へ，水平（陸）に隅木半幅と隅木幅をとり，本中，出中とする。 6．出中からたる木の中心を出す（たる木は出中が基準）。 （図4） 7．上端に墨を回す。出中は長玄の勾配，入中は長玄の返し勾配，本中墨からは短玄1/2返し勾配を引く。 8．軒先の墨を付ける。側面は投げ墨（隅殳と欠勾），上端は長玄の返し勾配，下端は隅欠長玄返し勾配。 9．イ，ロ，に各々の桁の裏目半幅を振り分けて墨を付け，下端で結ぶ。
3	のこびきする	1．先端切り墨を切り落とす。 2．桁幅をたる木下端又は峠墨までのこびきする。
4	のみで削る	のこびきした桁との取り合いを欠き落とす。

備考

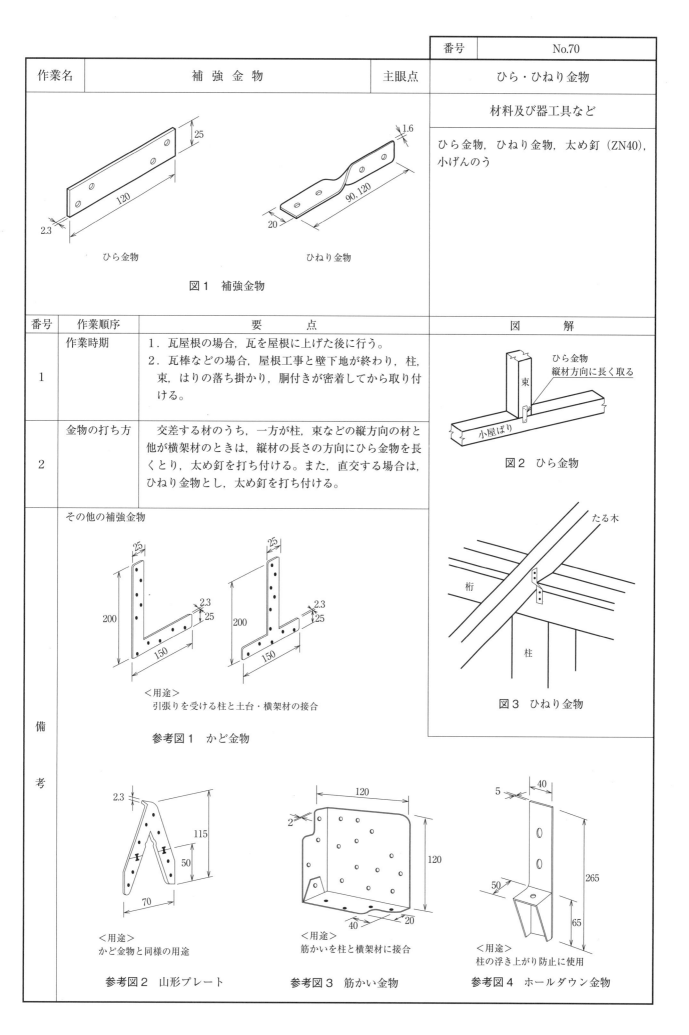

				番号	No.71
作業名	内法材の寸法とり（1）		主眼点	柱のくせの写し方	

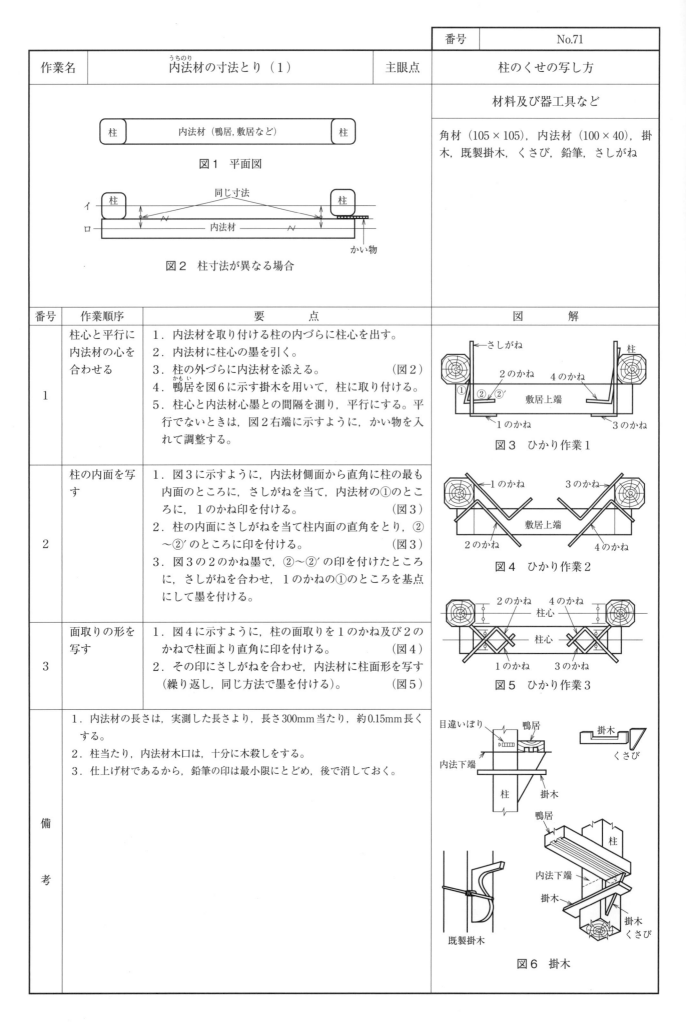

図1　平面図

図2　柱寸法が異なる場合

材料及び器工具など

角材（105×105），内法材（100×40），掛木，既製掛木，くさび，鉛筆，さしがね

番号	作業順序	要　点	図　解
1	柱心と平行に内法材の心を合わせる	1．内法材を取り付ける柱の内づらに柱心を出す。 2．内法材に柱心の墨を引く。 3．柱の外づらに内法材を添える。（図2） 4．鴨居を図6に示す掛木を用いて，柱に取り付ける。 5．柱心と内法材心墨との間隔を測り，平行にする。平行でないときは，図2右端に示すように，かい物を入れて調整する。	図3　ひかり作業1
2	柱の内面を写す	1．図3に示すように，内法材側面から直角に柱の最も内面のところに，さしがねを当て，内法材の①のところに，1のかね印を付ける。（図3） 2．柱の内面にさしがねを当て柱内面の直角をとり，②～②'のところに印を付ける。（図3） 3．図3の2のかね墨で，②～②'の印を付けたところに，さしがねを合わせ，1のかねの①のところを基点にして墨を付ける。	図4　ひかり作業2
3	面取りの形を写す	1．図4に示すように，柱の面取りを1のかね及び2のかねで柱面より直角に印を付ける。（図4） 2．その印にさしがねを合わせ，内法材に柱面形を写す（繰り返し，同じ方法で墨を付ける）。（図5）	図5　ひかり作業3
備考		1．内法材の長さは，実測した長さより，長さ300mm当たり，約0.15mm長くする。 2．柱当たり，内法材木口は，十分に木殺しをする。 3．仕上げ材であるから，鉛筆の印は最小限にとどめ，後で消しておく。	図6　掛木

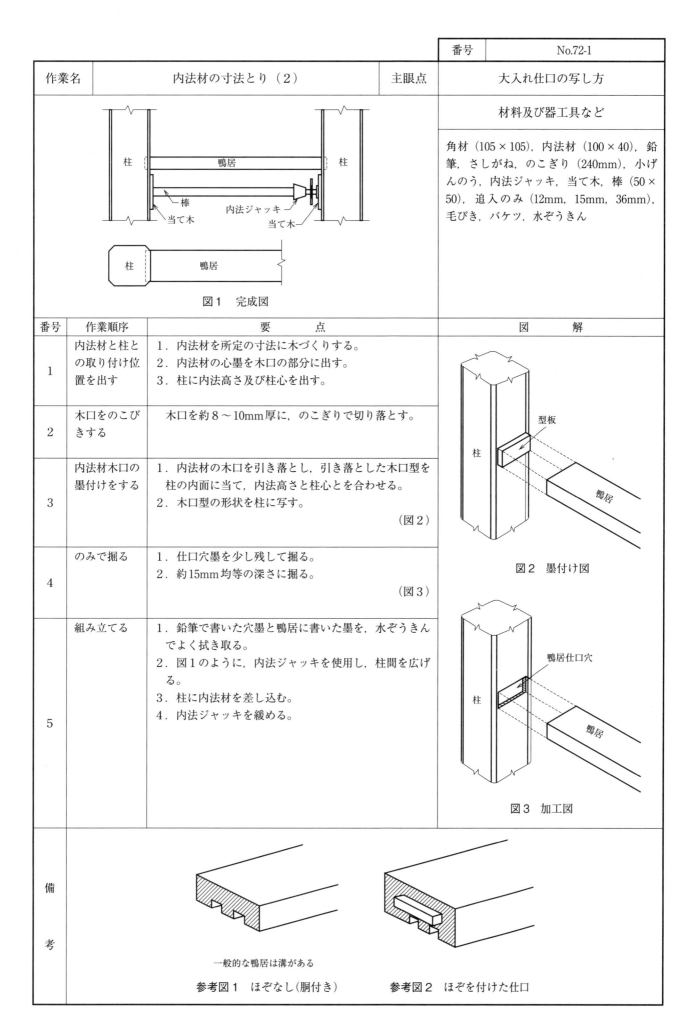

番号	No.72-1
作業名	内法材の寸法とり（2）
主眼点	大入れ仕口の写し方

材料及び器工具など

角材（105×105），内法材（100×40），鉛筆，さしがね，のこぎり（240mm），小げんのう，内法ジャッキ，当て木，棒（50×50），追入のみ（12mm，15mm，36mm），毛びき，バケツ，水ぞうきん

図1　完成図

番号	作業順序	要　点
1	内法材と柱との取り付け位置を出す	1．内法材を所定の寸法に木づくりする。 2．内法材の心墨を木口の部分に出す。 3．柱に内法高さ及び柱心を出す。
2	木口をのこびきする	木口を約8〜10mm厚に，のこぎりで切り落とす。
3	内法材木口の墨付けをする	1．内法材の木口を引き落とし，引き落とした木口型を柱の内面に当て，内法高さと柱心とを合わせる。 2．木口型の形状を柱に写す。（図2）
4	のみで掘る	1．仕口穴墨を少し残して掘る。 2．約15mm均等の深さに掘る。（図3）
5	組み立てる	1．鉛筆で書いた穴墨と鴨居に書いた墨を，水ぞうきんでよく拭き取る。 2．図1のように，内法ジャッキを使用し，柱間を広げる。 3．柱に内法材を差し込む。 4．内法ジャッキを緩める。

図2　墨付け図

図3　加工図

備考

一般的な鴨居は溝がある

参考図1　ほぞなし（胴付き）　　参考図2　ほぞを付けた仕口

				番号	No.72-2
作業名	内法材の寸法とり（2）		主眼点		大入れ仕口の写し方

備考

鴨居の仕口の組み合わせ
1. 両方大入れ
2. 一方ほぞ差し，他方胴付き忍び釘打ち
3. 両方胴付き忍び釘打ち

※取り付けは，必要に応じて内法ジャッキを使用し，傷が付かないように行う。

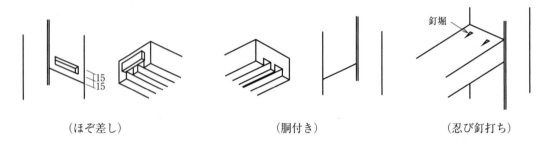

敷居の仕口の組み合わせ
1. 一方ほぞ差し，他方横栓
2. 一方ほぞ差し，他方待ちほぞ

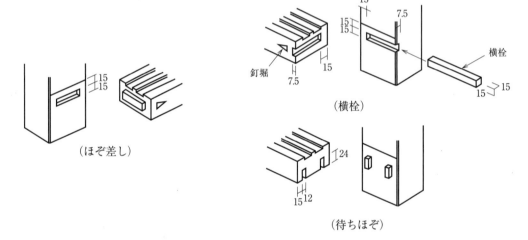

柱に鴨居を密着させるための要点
1. ひかり作業が正確であること。
2. のこぎり加工時に見付け以外を少しすかして切断する。

			番号	No.73
作業名	寄せあり	主眼点	寄せありの作り方	

材料及び器工具など

角材（105×105），内法材（100×40），さしがね，のこぎり（240mm，270mm），小げんのう，鉛筆，追入のみ（18mm，24mm，36mm），毛びき，バケツ，水ぞうきん

図1　組立図

番号	作業順序	要　　点	図　　解
1	つり束の墨付けをする	1．つり束材の4面に心墨を出す。 2．つり束材の下端になるところに，図1に示すありの墨を付ける。	図2　加工図1 （つり束と鴨居の接合）
2	つり束ありの加工をする	1．のこぎりであり形に引き落とす（加工する）。 2．胴付き面は，かねの手に直角に仕上げる。 3．あり先の面を取る。　　　　　　　　　　（図2）	
3	鴨居上端の墨付けをする	1．鴨居上端に心墨とつり束の中心を出す。 2．鴨居長手方向に，つり束中心から，つり束のあり長さを振り分ける。 3．上記の延長上に，ありの長さと同寸法をとる。 4．つり束のありの根元の寸法を，鴨居の上端心墨を中心に振り分ける。 5．その隣に，ありの先端の幅を心墨に振り分ける。	
4	鴨居上端の加工をする	1．入り勝手の穴は真っすぐに掘る。 2．中央のあり穴は，上端を墨に合わせ，穴底をほぞの幅とそろえて掘る。　　　　　　　　　　（図3）	
5	組み立てる	つり束を入り勝手穴に垂直に挿入して，狭いほうのあり穴へ移動させる。 　　　　　　　　　　　　　　　　　　　　（図1）	この部分が引っ張りの力を受けて弱いので段付ありとするほうがよい。 図3　加工図2 （小屋ばりとつり束の接合）
備考			

		番号	No.74
作業名	しのざしあり	主眼点	しのざしありの作り方

材料及び器工具など

角材（105×105），内法材（100×40），しのざし竹（2本），さしがね，のこぎり（240mm），かんな，げんのう，追入のみ（3mm，6mm，24mm，36mm），毛びき，バケツ，水ぞうきん

図1　墨付け図

番号	作業順序	要　点	図　解
1	つり束の墨付けをする	1．つり束材の4面に心墨を出す。 2．室内から向かって，側面の胴付き面から下端にありの墨を付け，反対側の面にも同様に墨を付ける。 （図1）	
2	つり束ありの加工をする	1．のこぎりであり形にひき落とす。 2．胴付き面は，かねの手（直角）に正確に仕上げる。 3．あり先の面を取る。	
3	鴨居上端の墨付けをする	1．鴨居上端に心墨とつり束の中心を出す。 2．鴨居の長手方向につり束中心から，つり束の幅を振り分ける。 3．さらに，その長手延長方向へ，しゃち栓道の長さを，束の幅より10mmぐらい大きくとる。 4．つり束のあり先端の幅を，鴨居上端心墨より左右に振り分ける。 5．左右に振り分けたあり幅墨の外側へ交互にしゃち道を4mm幅にとる。	図2　組立図 図3　しのざし竹
4	鴨居上端の加工をする	1．ほぞ穴を掘る。側面はあり形に勾配を取る。 2．しゃち道を同様に勾配をとり，穴を掘る。	
5	しのざし竹の加工をする	図3に示す寸法に加工する。	
6	組み立てる	1．しのざし竹をしゃち道の両端に挿入する。 2．つり束を挿入し，心墨を合わせる。 3．しのざし竹を中央へ寄せて打ち込む。 （図2）	
備考	内法貫を通す場合は，ありほぞを2つに分ける。また，内法貫と，つり束を緊結するために横栓を差し込むか，こみ栓を打つこともある。		参考図　内法貫使用時

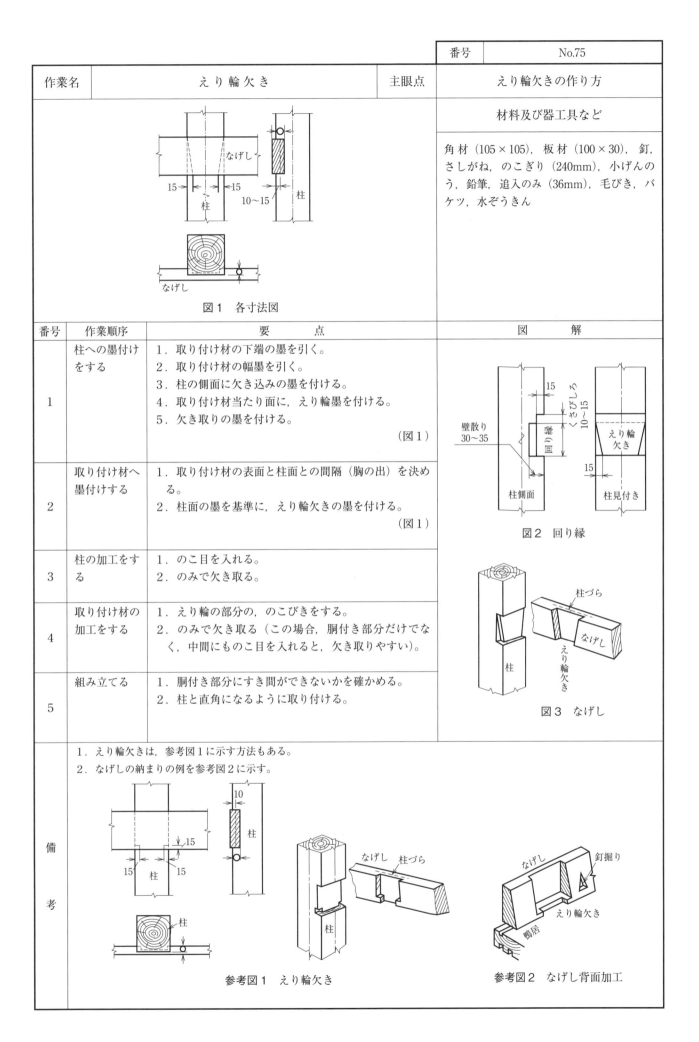

番号	No.76
作業名	下端留め目違い入れ
主眼点	回り縁の作り方

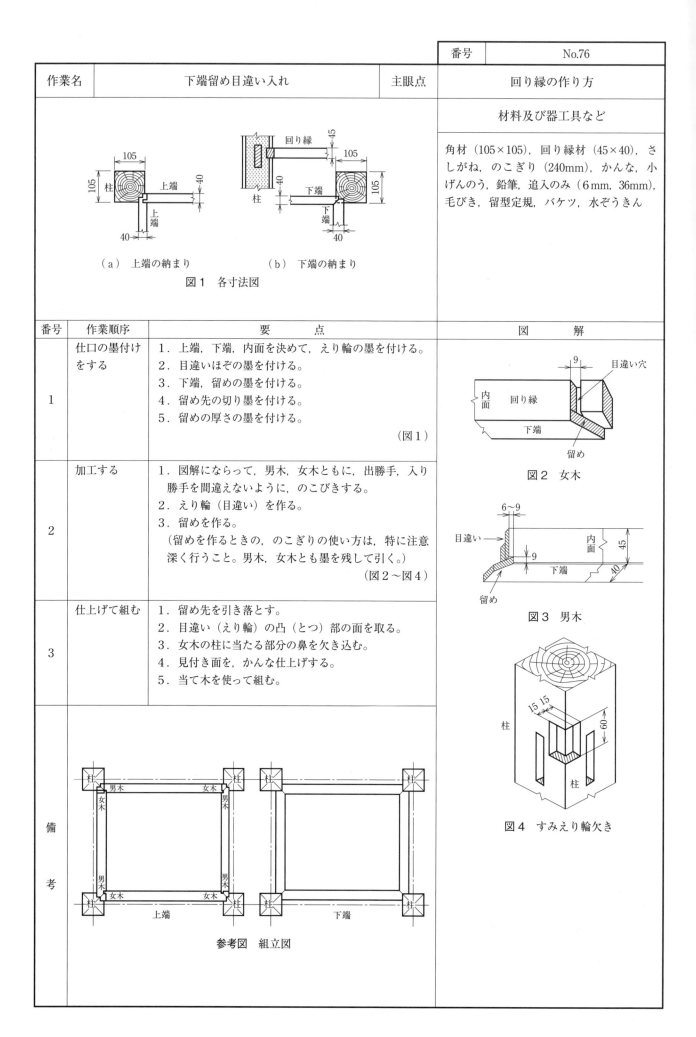

材料及び器工具など

角材（105×105），回り縁材（45×40），さしがね，のこぎり（240mm），かんな，小げんのう，鉛筆，追入のみ（6mm，36mm），毛びき，留型定規，バケツ，水ぞうきん

図1　各寸法図
(a) 上端の納まり　(b) 下端の納まり

番号	作業順序	要　点
1	仕口の墨付けをする	1．上端，下端，内面を決めて，えり輪の墨を付ける。 2．目違いほぞの墨を付ける。 3．下端，留めの墨を付ける。 4．留め先の切り墨を付ける。 5．留めの厚さの墨を付ける。 （図1）
2	加工する	1．図解にならって，男木，女木ともに，出勝手，入り勝手を間違えないように，のこびきする。 2．えり輪（目違い）を作る。 3．留めを作る。 （留めを作るときの，のこぎりの使い方は，特に注意深く行うこと。男木，女木とも墨を残して引く。） （図2～図4）
3	仕上げて組む	1．留め先を引き落とす。 2．目違い（えり輪）の凸（とつ）部の面を取る。 3．女木の柱に当たる部分の鼻を欠き込む。 4．見付き面を，かんな仕上げする。 5．当て木を使って組む。

図2　女木
図3　男木
図4　すみえり輪欠き

備考

参考図　組立図
上端　下端

番号	No.77
作業名 下端留め目違いほぞ差し	主眼点 なげしの作り方

材料及び器工具など

角材（105×105），なげし材（30×90），さしがね，のこぎり（240mm），胴付きのこぎり，小げんのう，きり，釘締め，追入のみ（6mm，36mm），毛びき，留型定規，バケツ，水ぞうきん

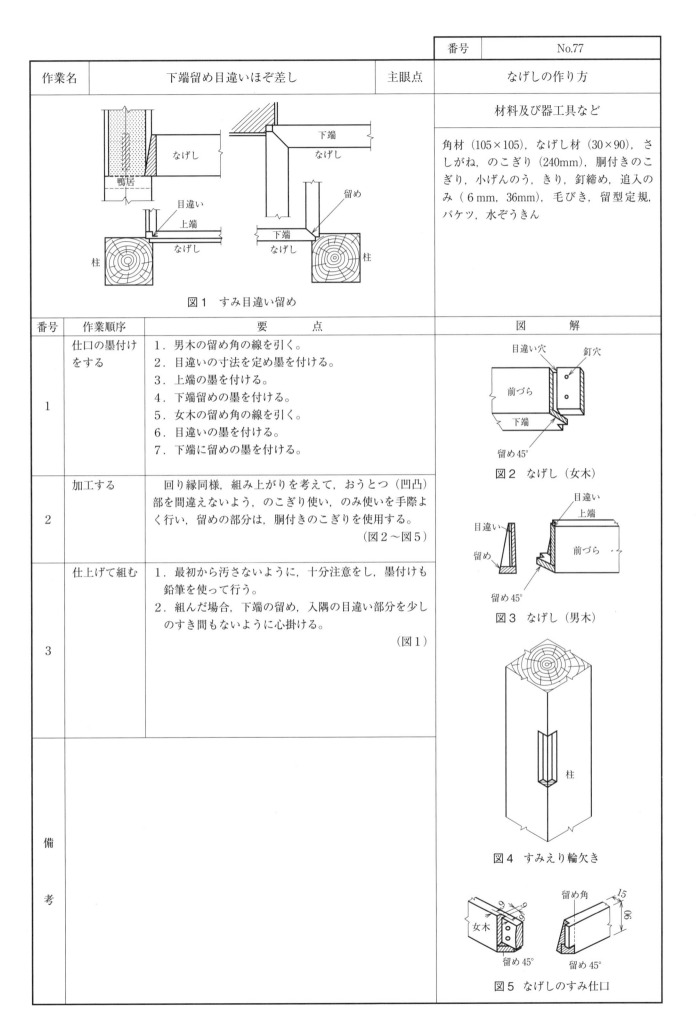

図1　すみ目違い留め

番号	作業順序	要　点	図　解
1	仕口の墨付けをする	1．男木の留め角の線を引く。 2．目違いの寸法を定め墨を付ける。 3．上端の墨を付ける。 4．下端留めの墨を付ける。 5．女木の留め角の線を引く。 6．目違いの墨を付ける。 7．下端に留めの墨を付ける。	図2　なげし（女木）
2	加工する	回り縁同様，組み上がりを考えて，おうとつ（凹凸）部を間違えないよう，のこぎり使い，のみ使いを手際よく行い，留めの部分は，胴付きのこぎりを使用する。 （図2～図5）	図3　なげし（男木）
3	仕上げて組む	1．最初から汚さないように，十分注意をし，墨付けも鉛筆を使って行う。 2．組んだ場合，下端の留め，入隅の目違い部分を少しのすき間もないように心掛ける。 （図1）	図4　すみえり輪欠き
備考			図5　なげしのすみ仕口

				番号	No.78
作業名	大がねの製作		主眼点	大がねの作り方	

図1 大がね

材料及び器工具など

小幅板（貫（ぬき）），釘，墨つぼ，墨さし，さしがね，スチールテープ，小げんのう，のこぎり（270mm）

番号	作業順序	要　点	図　解
1	かねの手を作る	1．板A，Bのほぼ中心に直線墨を打つ。 2．板A，Bを図1のように材端でA，Bの墨が交わるように重ね，その交点に墨を付ける（交点イ）。 3．交点イから板Aに長さイ〜ロ（寸法は下表に示す）をとる。 4．同様に交点イから板Bに長さイ〜ハ（寸法は下表に示す）をとる。　　　　　　　　　　　　　　　　（図2）	
2	斜辺材を打ち付ける	1．板Aに板Cを，釘1本で仮止めし，三角形に配置する。 2．材Dの側面に長さロ〜ハ（寸法は下表に示す）をとる。　　　　　　　　　　　　　　　　　　　　（図2） 3．板A，Bの交点で墨イ〜ロ，イ〜ハにさしがねを当てて直角に調整しながら，材Dを用いてロ〜ハの長さを合わせる。　　　　　　　　　　　　　　　（図3） 4．各交点イ，ロ，ハに釘を3本以上打つ。	

備考

表1　直角三角形の三辺の長さ（例）

イ〜ロ	イ〜ハ	ロ〜ハ
3	4	5
900mm	1,200mm	1,500mm
1,200mm	1,600mm	2,000mm

図2　材料取り

図3　組立図

作業名	地なわ張り	主眼点	大がねによる位置の決定方法
		番号	No.79

図1 配置図例

材料及び器工具など

地杭，細なわ，スチールテープ，大がね，大げんのう，かけや

番号	作業順序	要点	図解
1	基準点の調査と確認をする	1．設計図の配置図に示す基準点（道路，境界，杭など）を確認する。 2．各基準点間の距離を測定し，設計図と照合する。もし，距離が違うときは，設計者に連絡する。	図2　凹部がある場合 この部分は後回し
2	基点地杭の設定をする	1．配置図に示す建築物の隅角点で，境界に接近していて，位置の定めやすい箇所を基準点（境界杭など）から測定し，地杭を打つ。　　　　　（図1，A点） 2．基準の地杭は，建築物の柱心線と境界線とが平行であるところの一端に設けると便利である。	
3	建築物の一辺の位置を定める	1．基点地杭の他端の隅角点を，基点地杭からの距離と基準線からの距離で定める。　　　　（図1，B点） 2．地杭を打ち，地なわを張る。	
4	建築物の他の隅角点を定める	1．基点地杭A及びB，基準線A～Bを利用して，大がねで直角を出し，巻尺で長さを測定して，隣接する次の隅角点を定め，地なわを張る。 2．以上の作業を順次追っていく。 （ただし，図2に示すような出入りは，後で位置を定め，A～Bの直線を先に設定し，建築物の全体の輪かくを先に定める。）	
5	配置図と現場建築物の位置を確認する	1．主要な隅角点を接近する境界線から測定し，位置を確認する。 2．配置図どおりに地なわが張れない場合，例えば，著しく隣地境界に接近することがあるときには，設計者に申し出て，指示を受ける。 3．地なわ張りの結果は，設計者の承認を受ける。	
備考	1．建築線は，前面道路の中心線から2m以上取らなければならない。 2．隣地境界線からの距離は，それぞれの指定があり，接近距離に制限がある。		

番号	No.80
作業名	遣り方（1）
主眼点	水盛り缶の使い方

材料及び器工具など

角材（水杭）（45×45）
板材（水貫）（90×15）
墨つぼ，墨さし，さしがね，釘（50mm），
水盛り缶，かけや，小げんのう，のこぎり
（270mm）

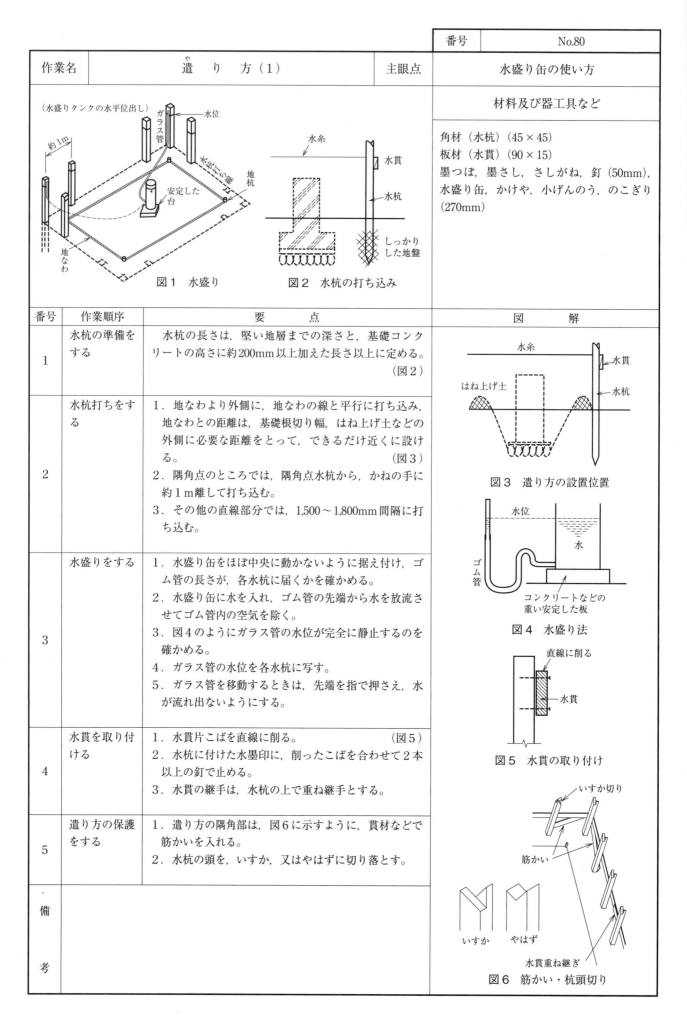

番号	作業順序	要点
1	水杭の準備をする	水杭の長さは，堅い地層までの深さと，基礎コンクリートの高さに約200mm以上加えた長さ以上に定める。（図2）
2	水杭打ちをする	1．地なわより外側に，地なわの線と平行に打ち込み，地なわとの距離は，基礎根切り幅，はね上げ土などの外側に必要な距離をとって，できるだけ近くに設ける。（図3） 2．隅角点のところでは，隅角点水杭から，かねの手に約1m離して打ち込む。 3．その他の直線部分では，1,500〜1,800mm間隔に打ち込む。
3	水盛りをする	1．水盛り缶をほぼ中央に動かないように据え付け，ゴム管の長さが，各水杭に届くかを確かめる。 2．水盛り缶に水を入れ，ゴム管の先端から水を放流させてゴム管内の空気を除く。 3．図4のようにガラス管の水位が完全に静止するのを確かめる。 4．ガラス管の水位を各水杭に写す。 5．ガラス管を移動するときは，先端を指で押さえ，水が流れ出ないようにする。
4	水貫を取り付ける	1．水貫片こばを直線に削る。（図5） 2．水杭に付けた水墨印に，削ったこばを合わせて2本以上の釘で止める。 3．水貫の継手は，水杭の上で重ね継手とする。
5	遣り方の保護をする	1．遣り方の隅角部は，図6に示すように，貫材などで筋かいを入れる。 2．水杭の頭を，いすか，又はやはずに切り落とす。
備考		

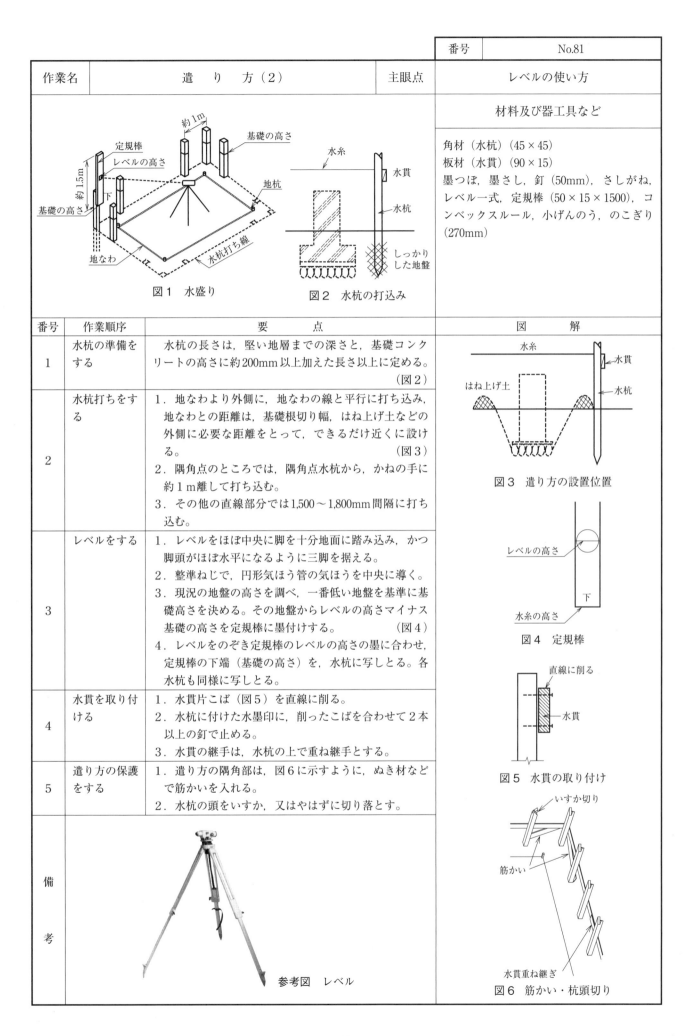

番号	No.81
作業名	遣り方（2）
主眼点	レベルの使い方

材料及び器工具など

角材（水杭）（45×45）
板材（水貫）（90×15）
墨つぼ，墨さし，釘（50mm），さしがね，レベル一式，定規棒（50×15×1500），コンベックスルール，小げんのう，のこぎり（270mm）

番号	作業順序	要点
1	水杭の準備をする	水杭の長さは，堅い地層までの深さと，基礎コンクリートの高さに約200mm以上加えた長さ以上に定める。（図2）
2	水杭打ちをする	1．地なわより外側に，地なわの線と平行に打ち込み，地なわとの距離は，基礎根切り幅，はね上げ土などの外側に必要な距離をとって，できるだけ近くに設ける。（図3） 2．隅角点のところでは，隅角点水杭から，かねの手に約1m離して打ち込む。 3．その他の直線部分では1,500〜1,800mm間隔に打ち込む。
3	レベルをする	1．レベルをほぼ中央に脚を十分地面に踏み込み，かつ脚頭がほぼ水平になるように三脚を据える。 2．整準ねじで，円形気ほう管の気ほうを中央に導く。 3．現況の地盤の高さを調べ，一番低い地盤を基準に基礎高さを決める。その地盤からレベルの高さマイナス基礎の高さを定規棒に墨付けする。（図4） 4．レベルをのぞき定規棒のレベルの高さの墨に合わせ，定規棒の下端（基礎の高さ）を，水杭に写しとる。各水杭も同様に写しとる。
4	水貫を取り付ける	1．水貫片こば（図5）を直線に削る。 2．水杭に付けた水墨印に，削ったこばを合わせて2本以上の釘で止める。 3．水貫の継手は，水杭の上で重ね継手とする。
5	遣り方の保護をする	1．遣り方の隅角部は，図6に示すように，ぬき材などで筋かいを入れる。 2．水杭の頭をいすか，又はやはずに切り落とす。
備考	参考図　レベル	

				番号	No.82
作業名	遣 り 方（3）		主眼点	大がねによる心墨の出し方	

材料及び器工具など
墨つぼ，墨さし，さしがね，大がね，水糸，下げ振り，スチールテープ，水準器

図1　基本角度（直角）出し

番号	作業順序	要　　点	図　　解
1	基本角度出しをする	1．地なわ張りで設定した基礎地杭A，及び基準線を設計図（配置図）と設計者により確認する。 2．基準線A～B上のほぼ真上に，水糸を遣り方（水貫）に架け渡す。 3．基点地杭真上に下げ振りを下ろして，これに水糸を合わせ，水糸を遣り方に巻き付けて固定する。 4．基準点Aを通り，基準線A～Bに直角に水糸を張り，その交点から下げ振りを下ろす。 5．その真下に大がねをほぼ水平に置き，下げ振りの先端を大がねのイ点に合わせる。 6．水糸A～Bと下げ振りを見通して，大がねのイ～ロの墨と合わせる。 7．水糸A～Cを同様に，大がねの墨イとハを合わせる。	図2　大がねの使用法
2	基本寸法を設定する	1．水糸A～Bの方向にそのところの建築物の柱心～柱心の長さをとり，遣り方に墨付けをする。 2．同様に水糸A～Cの方向にそのところの建築物の柱心～柱心の長さをとり，遣り方に墨付けをする。	
3	各柱心位置の設定をする	水糸A～B，A～Cを基準に，以上の方法で順次水糸を張り，建築物の基礎コンクリートのとおり心に水糸を張る。	
4	基礎コンクリート幅の墨出しをする	基礎伏図から基礎コンクリート幅及び柱心を求め，水糸を張った水貫上端にさしがねで墨を出す。 （柱心と基礎幅中心とが一致しない設計箇所もあるので注意すること。）	図3　束立て基礎の墨出し
5	束立て基礎の墨出しをする	建築物用の束立て基礎に，束石，束立てブロックを使用するときは，その位置の真上に水糸の交点がくるように水糸を張る。　　　　　　　　　　　　　　　（図3）	
備考			

番号	No.83-1
作業名	遣　り　方（4）
主眼点	トランシットによる心墨の出し方

図1　トランシットによる角度出し

材料及び器工具など

墨つぼ，墨さし，さしがね，水糸，スチールテープ，トランシット一式

番号	作業順序	要　点	図　解
1	基本角度出しをする	1．地なわ張りで設定した基点地杭A，及びBを設計図（配置図）と設計者により確認する。 2．基点地杭Aを中心として三脚を開き，まず1本の三脚を地面に差し込み，残り2本の脚を持って，脚頭部を水平にしつつ，かつ，下げ振りの先端が基点地杭Aの上にあるようにして，残りの2脚を地面に差し込む。 3．移心装置によって下げ振りの先端が基点地杭Aの真上にくるように求心して，トランシットを固定する（求心）。 4．整準ねじにより上盤気ほう管の気ほうを中央に導き，気ほう管をどの方向に向けても移動しないようにする（整準）。 5．4の操作によって，求心が狂っていないかを確認する。もし移動があれば，再度3以下を繰り返して，求心，整準を完全に行う。 6．トランシットの上部・下部締め付けねじを緩め，水平目盛盤の目盛を0°に合わせ，上部を固定する。 7．下部運動で，基点地杭Bを視準し下部を固定する。Bの延長の遣り方をトランシットで視準し，水貫に墨を付ける（B'）。 　下部運動で，180°回転，又は，トランシットの望遠鏡を反転させ，反対側の遣り方を視準し，水貫に墨を付ける（A'）。 　下部運動で，左側に90°回転させ，やりかたを視準し水貫に墨を付ける（C'）。 　先ほどと同様に，反対側の遣り方を視準し水貫に墨を付ける（A''）。	図2　遣り方平面図
2	基本寸法を設定する	1．A～Bの方向にそのところの建築物の柱心～柱心の長さをスチールテープでとり，遣り方に墨を付ける（B''）。 2．同様にA～Cの方向にそのところの建築物の柱心～柱心の長さをスチールテープでとり，遣り方に墨を付ける（C''）。	
3	各柱心位置を設定する	A'～B'，A''～C'の墨を水糸で張る。以上の方法で順次水糸を張り，建築物の基礎コンクリートの通り心に水糸を張る。	

番号		No.83-2
作業名	遣り方（4）	主眼点	トランシットによる心墨の出し方

番号	作業順序	要　点	図　解
5	基礎コンクリート幅の墨出しをする	基礎伏図から基礎コンクリート幅及び柱心を求め，水糸を張った水貫上端にさしがねで墨を出す。 （柱心と基礎幅中心とが一致しない設計箇所もあるので注意すること。）	
6	束立て基礎の墨出しをする	建築物の束立て基礎に，束石，束立てブロックを使用するときは，その位置の真上に水糸の交点がくるように水糸を張る。　　　　　　　　　　　　　　　（図3）	図3　束立て基礎の墨出し

備考

確認のため通り心の直角を見る方法で，対角線ADとBCが同じ長さなら，直角である。

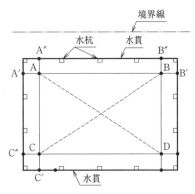

参考図1　直角確認用対角線

参考図2　トランシット

参考図3　かね巻き尺

1. 境界線等から同じ距離をとり，基準線を出し水貫に釘を打つ。
2. 釘にかね巻き尺の先端をはめて，境界線側に移動し，水貫に墨を出す。
3. 反対側も同様に行えば，簡単に基準線に垂直な線が出せる。
4. 出した基準から寸法をとり，基礎心の墨を出す。

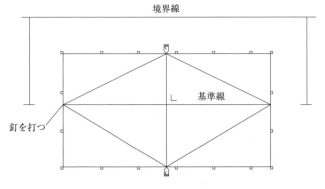

参考図4　かね巻き尺を用いた直角出し

		番号	No.84
作業名	基礎コンクリート型枠工事	主眼点	遣り方からの型枠位置の定め方 コンクリート型枠の組み立て方

図1 型枠の組み立て

材料及び器工具など

鋼製型枠，止め杭，上下止金物，切り張り桟，釘，セパレーター，はく離剤，水糸，下げ振り，さしがね，墨つぼ，墨さし，のこぎり，大げんのう，小げんのう，かじや，目印用磁石

番号	作業順序	要点	図解
1	型枠の準備をする	1．型枠板の表面にコンクリートの付着があれば取り除く。 2．表面の汚れを落として，はく離剤を均等に塗る。	
2	基礎コンクリート心及び幅の墨出しをする	1．ベースの表面の汚れを洗い落とす。 2．ベースの表面に不陸があるときは，げんのうなどで削り取る。 3．遣り方に水糸を張り，下げ振りで水糸の位置をベースに写し，地墨を打つ。	図2 基礎コンクリートの上端墨出し
3	型枠を組み立てる	1．上下止金物を基礎幅墨に合わせて止める。 2．内側型枠を上下止金物に差し込む。 3．上部に上下止金物を取り付ける。　（図1） 4．後で型枠を取り外すので，ばらす順序を考慮して組み立てる。 5．型枠の垂直を確認し，止め杭と切り張り桟で固定する。	
4	基礎コンクリート高さの墨出しをする	1．水糸から天端までの定規を作り，水糸から型枠内面に基礎天端の墨出しをする。 2．玄関，台所，浴室などの出入口などで基礎高さの低い所に注意する。 3．基礎天端墨に合わせ，目印用磁石を貼り付ける。	図3 上下止金物
5	換気口穴の型枠を組み立てる	換気口用穴の型枠を組み込む。	
6	アンカーボルト位置の墨出しをする	型枠にアンカーボルト位置の墨出しをする。	
備考			

				番号	No.85
作業名	土台の据え付け		主眼点	基礎上端の墨出しと土台の据え付け	

図1 基礎コンクリート上端の心墨出し

材料及び器工具など

土台材，墨つぼ，墨さし，さしがね，水糸，下げ振り，尺づえ，電気ドリル，ドリルの刃（16mm），スパナ，ラチェットレンチ，かけや，かじや，コードリール，防腐剤，はけ，缶

番号	作業順序	要　点	図　解
1	基礎天端の墨出しをする	1. 基礎天端の心墨は，アンカーボルトのために通して打てないので，アンカーボルトを避けて，基礎心よりはずれたところに逃げ墨を打つ。 2. 水糸から下げ振りで基礎上端に基礎心墨を印して，逃げ墨を打つ。 3. 土台の継手，柱心の位置を，尺づえを使って墨出しをする。 4. 遣り方を解体・撤去する。	図2 土台にアンカーボルトの墨出し
2	土台の配置とボルト位置の墨出しをする	1. 土台を基礎コンクリートの周囲に，番付けに合わせて配置する。 2. 土台の長手方向のボルト位置は，柱心位置から測って土台へ移す。 3. 土台の幅方向のボルト位置は，土台心と基礎天端の逃げ墨から求める寸法を，土台の下端に心より測り，墨出しをする。	
3	アンカーボルトの穴あけをする	材の下端から電気ドリルでアンカーボルトの穴をあける。 （ボルト穴は，ボルト径より3mm以上大きくしてはならない。）	
4	防腐・防錆処理をする	1. 土台の下端と両側面に防腐剤を塗る。 2. アンカーボルトは防錆処理のなされているものを使用する。	
5	土台の据え付けをする	1. 土台の隅角仕口が横方向のほぞ差し仕口の場合は，かねの手に組んで据え付ける。 2. 継手は女木，男木組勝手を考えて，据え付ける。 3. 土台の据え付けは，外回りを先に据え付け，間仕切り土台（仕口が落とし込み）を後から据え付ける。 4. 継手，仕口は傷めないように，真上から落とし込み形式で，乗せ架け材全体を水平に持ち，平均におろす。 5. 締め付けは，当て木を当てて材を傷めないようにたたく。 6. アンカーボルトは座金を入れ，ナットで締める。	図3 基礎・土台・柱の緊結
備考			

作業名	ゆがみ直しと仮筋かい打ち	主眼点	下げ振り定規の製作とゆがみ直しの方法

番号　No.86-1

図1　ゆがみ直し作業

材料及び器工具など

角材（45×40）（下げ振り用）
板材（100×15），仮筋かい90×24以上又は40×45以上
釘（15mm，75～90mm），小げんのう，下げ振り，ロープ，かけや，屋起こしジャッキ，バール

番号	作業順序	要点	図解
1	準備する	1．柱と土台や胴差しなどの横架材と仕口の胴付きを，完全に密着させる。 2．くさび締めや，ボルト締めの仕口の胴付きは，すき間のないように締めしておく。	
2	下げ振り定規の製作をする	1．図1，図2に示す形状に作る。 2．イ～イ′，ロ～ロ′の寸法は，正確に同じ長さに仕上げる。 3．水糸を取り付け，先端に下げ振りを付ける。 4．測定中，風が強いときは，風防下げ振りを使用する。	図2　下げ振り
3	下げ振り定規の取り付け柱	1．下げ振り定規で，垂直を検査する柱は，建築物のすみ柱，間仕切柱及び横架材の継手を受ける柱とする。 2．それぞれの柱で，下げ振り定規を当てる柱面は内法面とする。 3．2階建ての場合は，1階部分を先に修正する。	
4	ゆがみ直し	1．主要な柱，数本についてゆがみの程度を調べ，全体の修正方向を調べる。 2．仮筋かいの下端を取り外す。 3．はり，桁，2階ばりなどの横架材より土台又は柱の根元に，ロープを斜めに張り，人力又は屋起こしジャッキやターンバックルを用いて引っ張る。 　その他パイプでできている，仮筋かい（屋起こし兼用）のものも用いられる。　　　（図3）	
5	建築物側面のゆがみ直し	1．建物の側面を建築物から離れて，目で見てねじれを調べる。 2．ゆがみ直しの終了した隅角部の柱間に水糸を張り，各柱と水糸との間隔を柱の上下で測る。 3．作業順序4の方法に準じて修正する。 4．ゆがみ直しで柱が垂直になったところで，仮筋かいを再び固定する。	図3　屋起こし
備考			

番号	No.86-2
作業名	ゆがみ直しと仮筋かい打ち
主眼点	下げ振り定規の製作とゆがみ直しの方法

備考

参考図1　風防下げ振り（拡大図）

参考図2　風防下げ振りを柱に取り付けたところ

出所：シンワ測定（株）

作業名	火打ちの墨付け及びボルト穴あけとボルト締め		主眼点	番号	No.87
				火打ちの墨付け及びボルト穴の斜め穴あけとボルトの締め方	

図1 ボルトの穴あけ

材料及び器工具など

角材（105×105），（90×90），ボルト，ナット，座金，電気ドリル，ボルトぎり，スパナ，ラチェットレンチ，コードリール

番号	作業順序	要点	図解
1	火打ちの墨付けをする	1. 火打ちは，木造建築物の耐力を補強する材料で土台と土台，桁とはり，胴差し，2階ばりなどの隅角部に入れる。 2. 寸法とりは，さしがねの裏目（対角線の寸法を測る目盛り）を使用する。 3. 図2に示すAの長さをさしがねの裏目で測り，火打ちの長さを求める。 4. イ点より，土台，桁，はり，胴差しの1/2の幅を，火打ちの心墨に添って内方向に裏目で測り，印を付ける。印を付けた所を基点に45°の墨を付ける。 5. ロの点で15mmをとり，ロ～ハを結び，かたぎほぞ又はかたぎ大入れの墨を付ける。（図3）	図2 平面図
2	ボルトの穴あけをする	1. ボルト穴の径は，ボルト径より3mm以内の大きさのボルトぎりを用いる。 2. 材を重ね合わせて，ボルト締めをするときのボルトの穴は，材が接着する面から外側へ向かって穴あけをする。 3. 火打ち材のように，斜めにボルトの穴をあけるときは，図1に示すように，ボルトぎりの角度を正しく保つ。	
3	ボルトを差し込む	1. ボルトを差し込む前に，ナットを回し込み，ねじ切りを確かめる。 2. ボルトの有効長さ（ナット締め付け後，ねじ山は3山以上出ることが必要）を確かめる。 3. ボルトは防錆処理のされたものを使用する。	図3 火打ち取り付け部詳細図
4	ボルト，ナットを締め付ける	1. 必ず座金を入れる（座金は使用ボルト，使用場所に合わせたものを使用する）。 2. 仮締めをする。 3. 数本のボルトの締め付けをするときは，交互に少しずつ締め付ける。	かたぎ大入れ　かたぎほぞ 図4 横架材・火打ち仕口
備考			

- 115 -

				番号	No.88
作業名	階段の割り付け（1）		主眼点	直 進 階 段	

材料及び器工具など

合板（現寸図用），墨つぼ，墨さし，さしがね

図1　割り付け図

番号	作業順序	要　　　点	図　　　解
1	取り付け位置の実測をする	1．1階床上端面から2階床上端面までの垂直の高さを測る。　　　　　　　　　　　　　　　　（図1） 2．2階の階段受け，かまちの前面より，1階の1段めの踏み板の前面までの水平距離を測る。	図2　部分現寸図
2	段の割り付け図を作成する	1．合板に1/10の縮尺で垂直高さと水平距離を書く。 2．高さ寸法（けあげ寸法）を230mm以下（一般住宅）で均等に分割する。 3．水平長さ（踏み面寸法）を，150mm以上（一般住宅）で均等に分割する。 4．2階の階段受けかまちの上端角Aより，踏み板1段めの前上端角Bを結ぶ斜線が，階段の勾配となる。	
3	踏み板，けこみ板の現寸図を作成する	1．部分的な現寸図を作成する。　　　　　　　（図2） 2．踏み板の幅は，踏み面の寸法に段鼻寸法（30mm程度）を加えて求める。	図3　受けばりと側桁の仕口
4	側桁の墨付けをする	1．踏み板の前端の勾配墨を打つ。 2．現寸図に合わせて型板を作成して，その型板を側桁に当てて踏み板の上端，けこみ板の内側の墨付けをする。 3．踏み板の厚さとけこみ板の厚さの墨付けをする。	
備考			

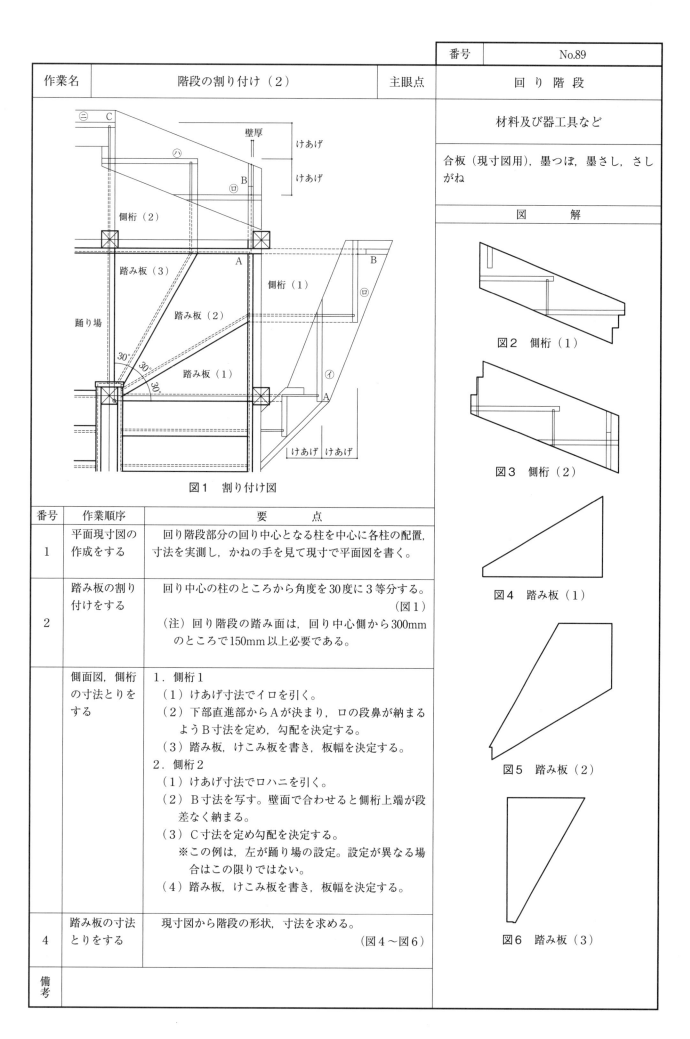

番号	No.89
作業名	階段の割り付け（2）
主眼点	回り階段

材料及び器工具など

合板（現寸図用），墨つぼ，墨さし，さしがね

図1　割り付け図

図2　側桁（1）
図3　側桁（2）
図4　踏み板（1）
図5　踏み板（2）
図6　踏み板（3）

番号	作業順序	要　点
1	平面現寸図の作成をする	回り階段部分の回り中心となる柱を中心に各柱の配置，寸法を実測し，かねの手を見て現寸で平面図を書く。
2	踏み板の割り付けをする	回り中心の柱のところから角度を30度に3等分する。（図1） （注）回り階段の踏み面は，回り中心側から300mmのところで150mm以上必要である。
3	側面図，側桁の寸法とりをする	1．側桁1 （1）けあげ寸法でイロを引く。 （2）下部直進部からAが決まり，ロの段鼻が納まるようB寸法を定め，勾配を決定する。 （3）踏み板，けこみ板を書き，板幅を決定する。 2．側桁2 （1）けあげ寸法でロハニを引く。 （2）B寸法を写す。壁面で合わせると側桁上端が段差なく納まる。 （3）C寸法を定め勾配を決定する。 　※この例は，左が踊り場の設定。設定が異なる場合はこの限りではない。 （4）踏み板，けこみ板を書き，板幅を決定する。
4	踏み板の寸法とりをする	現寸図から階段の形状，寸法を求める。（図4～図6）
備考		

番号				No.90
作業名	内　壁（1）		主眼点	石こうボード張り

材料及び器工具など

石こうボード，定規（長さ1mと2m），コンベックスルール，カッタナイフ，鉄のこ，釘（GN40，石こうボード用ビス），接着剤，小げんのう，合板，まくら台

図1　納まり図（柱，胴縁，間柱，胴縁受け，石こうボード）

番号	作業順序	要　点	図　解
1	石こうボードの準備をする	石こうボードを水平に置く。　　　　　（図2） （割れないように下に合板を敷くか，まくら台を多く配置する。）	図2　加工段取り （まくら台，石こうボード，合板）
2	壁面の大きさを測る	コンベックスルールで縦，横の大きさを測る（定規棒を使用してもよい）。	
3	石こうボードへ墨付けする	1．石こうボードへ墨付けをする（実寸より2mm程度小さく）。 2．電気のスイッチボックスや水道の配管などの墨付けをする。	面有（パテを入れ一体化） 面無 図3　ボードのヘリ
4	石こうボードの切断をする	1．定規を切墨に合わせて，カッタナイフで石こうボードの表面の紙と石こうの一部を切る。 2．カッタナイフで切った反対側へ手で折り曲げる。 3．折り曲げた石こうボード表面の紙をカッタナイフで切断する。 4．スイッチボックス，配管の穴あけをカッタナイフや鉄のこであける。	
5	石こうボードの取り付け	石こうボードの継ぎ目を確認しながら，釘で留め付ける。間隔は150mm程度とする。	

備考

釘の代わりにビス留めもある。
　ボードの種類（住宅に使用）
　　大きさ　910mm×1,820mm，910mm×2,420mm（メーカーの仕様による）
　　厚　さ　9mm（天井），12mm（天井，壁）
　　水回り（洗面室，脱衣室）には，シージング石こうボードを使用する。

番号	No.91
作業名	内壁（2）
主眼点	石こうラスボード張り

図1 塗り壁下地

（真壁間柱、柱、貫、折衷（真壁・大壁）壁、石こうラスボード、真壁）

材料及び器工具など

石こうラスボード，定規（長さ1mと2m），まくら台，コンベックスルール，カッタナイフ，鉄のこ，ラスボード釘（24mm），小げんのう，合板

番号	作業順序	要点	図解
1	石こうラスボードの準備をする	石こうラスボードを水平に置く。（図2）（割れないように下に合板を敷くか，まくら台を多く配置する。）	図2 加工段取り（まくら台，石こうラスボード，合板）
2	壁面の大きさを測る	コンベックスルールで縦，横の大きさを測る（定規棒を使用してもよい）。	
3	石こうラスボードへ墨付けする	1．石こうラスボードへ墨付けをする（実寸より2mm程度小さく）。 2．電気のスイッチボックスや水道の配管などの墨付けをする。	
4	石こうラスボードの切断をする	1．定規を切墨に合わせて，カッタナイフで石こうラスボードの表面の紙と石こうの一部を切る。 2．カッタナイフで切った反対側へ手で折り曲げる。 3．折り曲げた石こうボード表面の紙をカッタナイフで切断する。 4．スイッチボックス，配管の穴あけをカッタナイフや鉄のこであける。	図3 石こうラスボード（プラスターが付着しやすいように表面に陥没がある。）
5	石こうラスボードの取り付け	石こうラスボードの継ぎ目を確認しながら，釘で留め付ける。間隔は150mm程度とする。（図3）	

備考

釘の代わりにビス留めもある。

番号	No.92
作業名	模擬家屋（1）
主眼点	構造材の墨付け及び加工，組み立て

材料及び器工具など

土台・桁等（105×105），火打ち土台（45×90），火打ち梁（90×90），墨つぼ，墨さし，さしがね，尺づえ，のこぎり（270mm），のみ（一式），大・小げんのう，釘（N90），電気ドリル，ドリル刃（15mm），コードリール

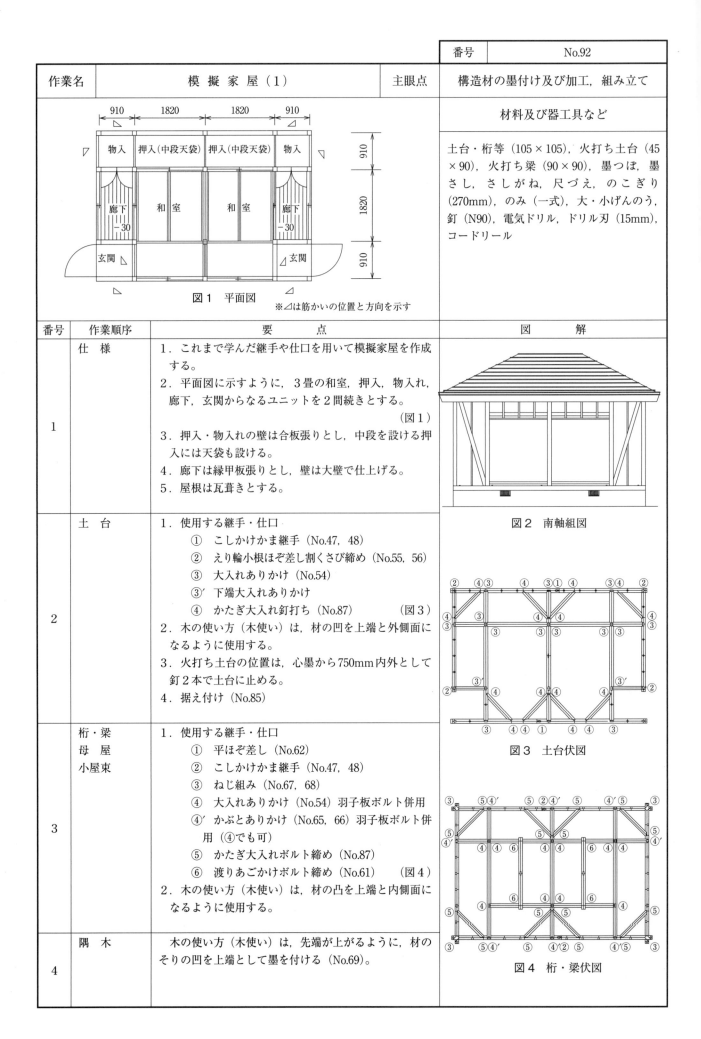

図1 平面図
※△は筋かいの位置と方向を示す

図2 南軸組図

図3 土台伏図

図4 桁・梁伏図

番号	作業順序	要　点
1	仕　様	1．これまで学んだ継手や仕口を用いて模擬家屋を作成する。 2．平面図に示すように，3畳の和室，押入，物入れ，廊下，玄関からなるユニットを2間続きとする。（図1） 3．押入・物入れの壁は合板張りとし，中段を設ける押入には天袋も設ける。 4．廊下は縁甲板張りとし，壁は大壁で仕上げる。 5．屋根は瓦葺きとする。
2	土　台	1．使用する継手・仕口 　① こしかけかま継手（No.47，48） 　② えり輪小根ほぞ差し割くさび締め（No.55，56） 　③ 大入れありかけ（No.54） 　③′下端大入れありかけ 　④ かたぎ大入れ釘打ち（No.87）　（図3） 2．木の使い方（木使い）は，材の凹を上端と外側面になるように使用する。 3．火打ち土台の位置は，心墨から750mm内外として釘2本で土台に止める。 4．据え付け（No.85）
3	桁・梁 母　屋 小屋束	1．使用する継手・仕口 　① 平ほぞ差し（No.62） 　② こしかけかま継手（No.47，48） 　③ ねじ組み（No.67，68） 　④ 大入れありかけ（No.54）羽子板ボルト併用 　④′かぶとありかけ（No.65，66）羽子板ボルト併用（④でも可） 　⑤ かたぎ大入れボルト締め（No.87） 　⑥ 渡りあごかけボルト締め（No.61）（図4） 2．木の使い方（木使い）は，材の凸を上端と内側面になるように使用する。
4	隅　木	木の使い方（木使い）は，先端が上がるように，材のそりの凹を上端として墨を付ける（No.69）。

- 120 -

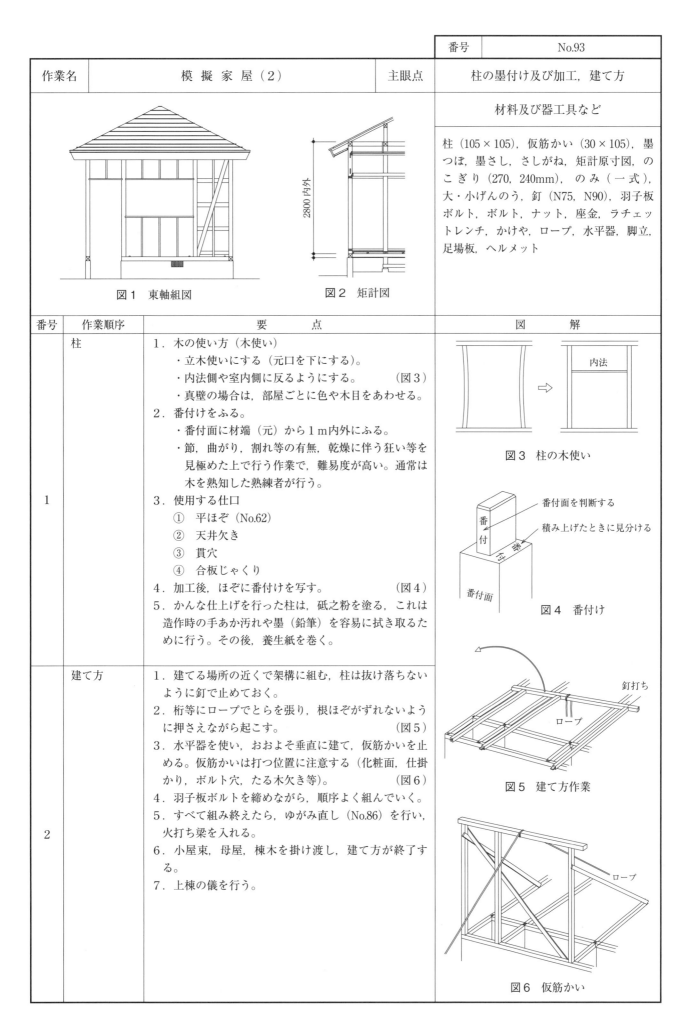

		番号	No.94
作業名	模 擬 家 屋（3） 主眼点	野地・壁下地	

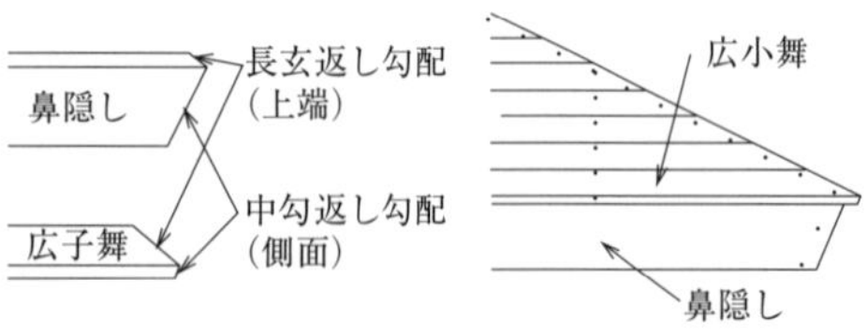

材料及び器工具など

雲筋かい（15×90），たる木（45×45），鼻隠し（24×210），広小舞（20×90），野地板（12），小幅板（15×90），引掛け桟（15×30），面戸受け（24×30），貫（15×90），真壁間柱（40×45），大壁間柱（30×105），筋かい（45×90），アスファルトルーフィング（22kg巻），チョークライン，鉛筆，さしがね，げんのう，のこぎり，釘，ビス，金物等

図1　軒先の切り墨

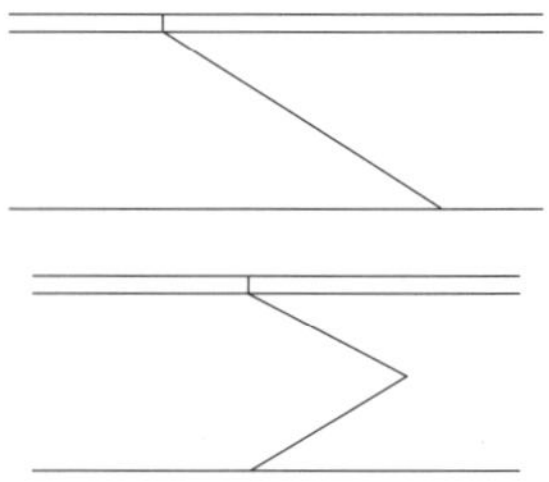

図2　鼻隠し継手

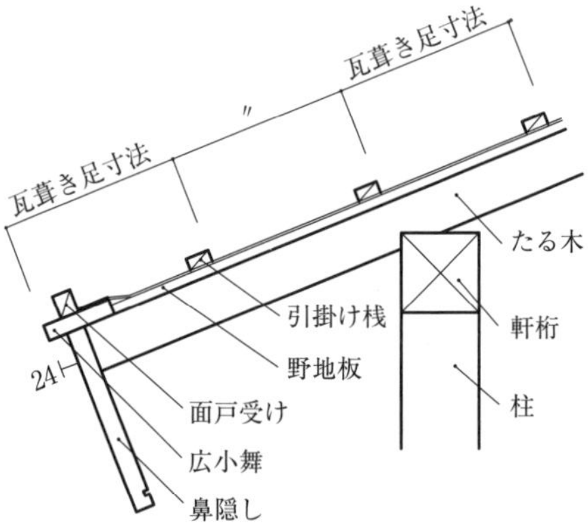

図3　軒先・野地の納まり

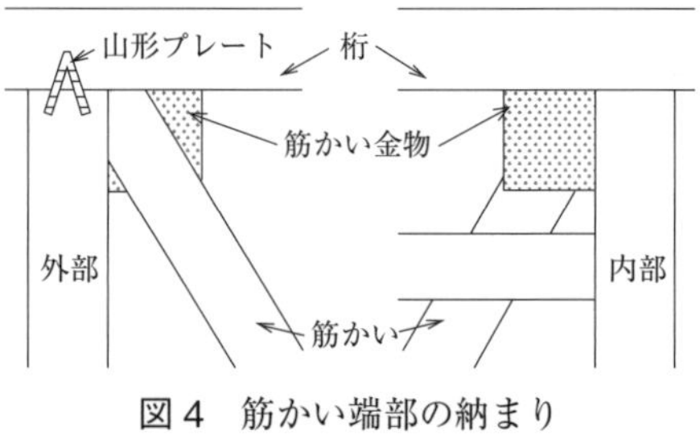

図4　筋かい端部の納まり

番号	作業順序	要　点
1	野　地	1．小屋束の垂直を見て筋かい（雲筋かい）を打つ。 2．隅木をおさめ，たる木を打つ。 3．隅木鼻に糸を張り，たる木鼻を切りそろえる。 4．鼻隠し，広小舞を取り付け，野地板を張る。 　・鼻隠しの継手。 　・広小舞はたる木の上で突きつけて継ぐ。 　・野地板は釘2本以上で止める。　（図1，図2） 5．アスファルトルーフィングを水下から張る。 　・上下は100mm，左右は200mm重ねる。 6．面戸受けを打つ。 7．チョークライン等で瓦の葺き足寸法に墨を打ち，引掛け桟を打つ。　（図3）
2	壁下地	1．野地に屋根葺き材がのり，建物が落ち着いた状態で取りかかるとよい。 2．柱と土台・桁などに山形プレート等の金物を取り付ける（No.70）。　（図4） 3．間柱や貫を入れて釘で止める。釘はできる限り部屋の内部から外に向けて打つとよい。 4．大壁の窓上，窓下間柱は，まぐさ，窓台が入るまで胴縁等で振れを止める。 5．筋かい（本筋かい）を入れる。 　・立木使いにする。 　・内側に反るように，木表を外側に向ける。 　・筋かい金物を取り付ける。　（図4） 　・本筋かい取り付け後，仮筋かいは取り外す。
備考		

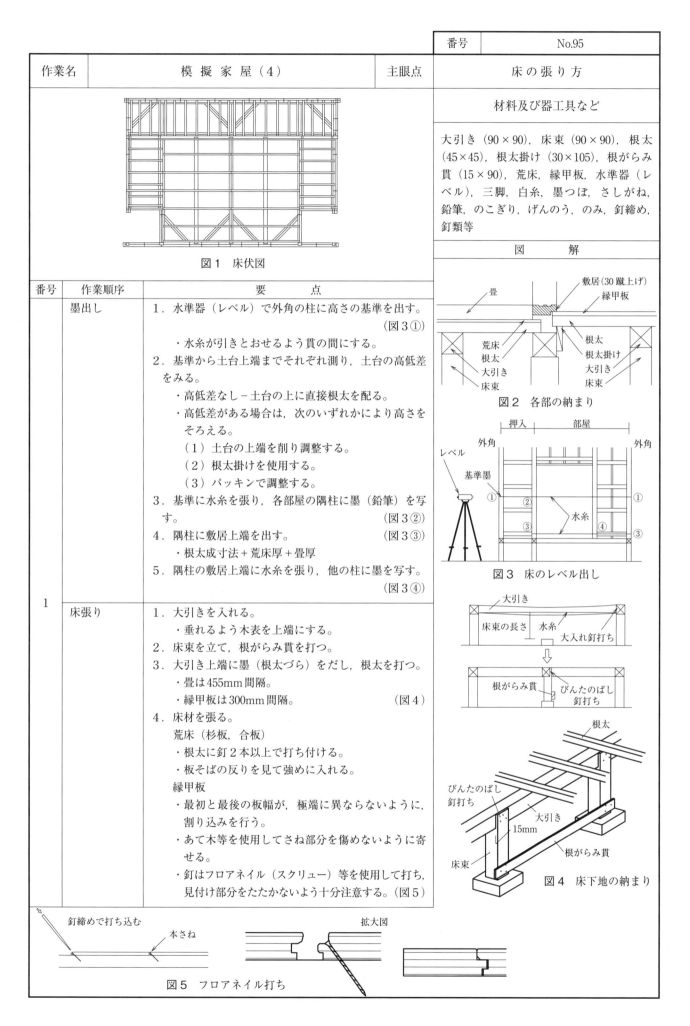

				番号	No.96
作業名	模擬家屋（5）		主眼点	内法・開口部の納まり	

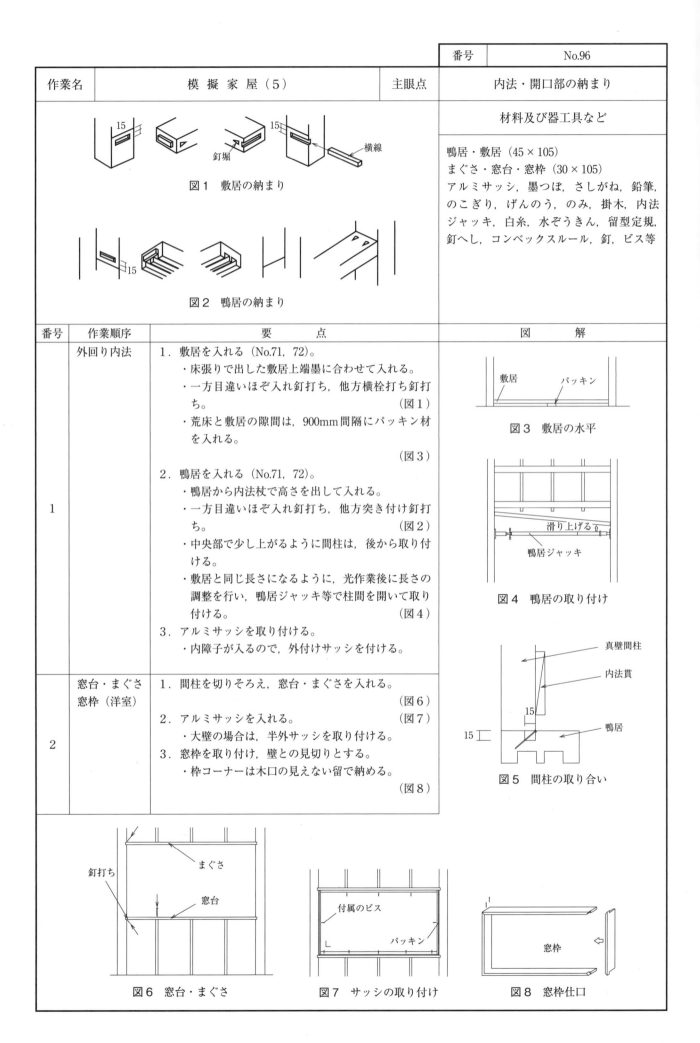

材料及び器工具など

鴨居・敷居（45×105）
まぐさ・窓台・窓枠（30×105）
アルミサッシ，墨つぼ，さしがね，鉛筆，のこぎり，げんのう，のみ，掛木，内法ジャッキ，白糸，水ぞうきん，留型定規，釘へし，コンベックスルール，釘，ビス等

図1 敷居の納まり

図2 鴨居の納まり

番号	作業順序	要　点	図　解
1	外回り内法	1. 敷居を入れる（No.71，72）。 ・床張りで出した敷居上端墨に合わせて入れる。 ・一方目違いほぞ入れ釘打ち，他方横栓打ち釘打ち。　　　　　　　　　　　　　　　（図1） ・荒床と敷居の隙間は，900mm間隔にパッキン材を入れる。　　　　　　　　　　　　（図3） 2. 鴨居を入れる（No.71，72）。 ・鴨居から内法杖で高さを出して入れる。 ・一方目違いほぞ入れ釘打ち，他方突き付け釘打ち。　　　　　　　　　　　　　　　（図2） ・中央部で少し上がるように間柱は，後から取り付ける。 ・敷居と同じ長さになるように，光作業後に長さの調整を行い，鴨居ジャッキ等で柱間を開いて取り付ける。　　　　　　　　　　　　　　（図4） 3. アルミサッシを取り付ける。 ・内障子が入るので，外付けサッシを付ける。	図3　敷居の水平 図4　鴨居の取り付け 図5　間柱の取り合い
2	窓台・まぐさ 窓枠（洋室）	1. 間柱を切りそろえ，窓台・まぐさを入れる。 　　　　　　　　　　　　　　　　　　（図6） 2. アルミサッシを入れる。　　　　　　（図7） ・大壁の場合は，半外サッシを取り付ける。 3. 窓枠を取り付け，壁との見切りとする。 ・枠コーナーは木口の見えない留で納める。 　　　　　　　　　　　　　　　　　　（図8）	

図6　窓台・まぐさ　　　図7　サッシの取り付け　　　図8　窓枠仕口

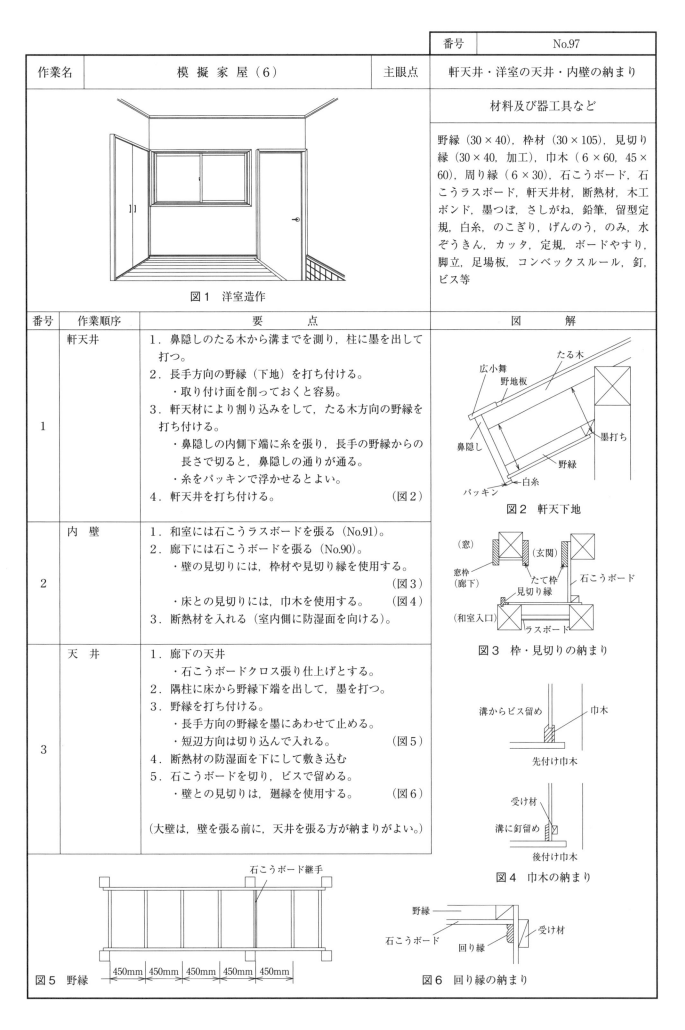

番号			No.98
作業名	模擬家屋（7）	主眼点	天井・押入の納まり

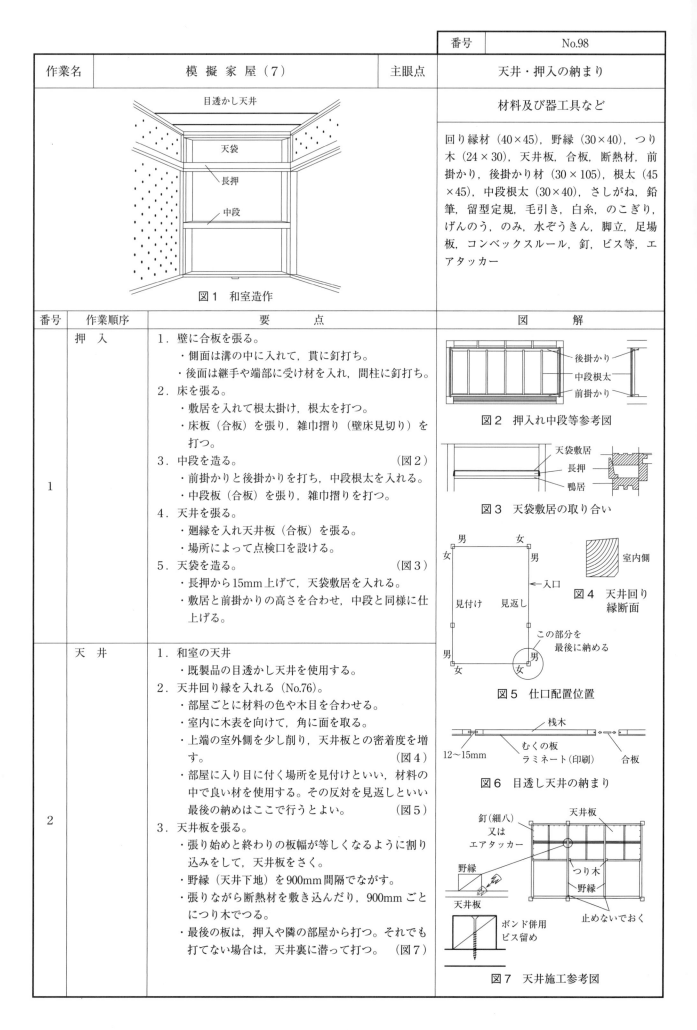

図1 和室造作

材料及び器工具など

回り縁材（40×45），野縁（30×40），つり木（24×30），天井板，合板，断熱材，前掛かり，後掛かり材（30×105），根太（45×45），中段根太（30×40），さしがね，鉛筆，留型定規，毛引き，白糸，のこぎり，げんのう，のみ，水ぞうきん，脚立，足場板，コンベックスルール，釘，ビス等，エアタッカー

番号	作業順序	要点	図解
1	押入	1. 壁に合板を張る。 ・側面は溝の中に入れて，貫に釘打ち。 ・後面は継手や端部に受け材を入れ，間柱に釘打ち。 2. 床を張る。 ・敷居を入れて根太掛け，根太を打つ。 ・床板（合板）を張り，雑巾摺り（壁床見切り）を打つ。 3. 中段を造る。　　　　　　　（図2） ・前掛かりと後掛かりを打ち，中段根太を入れる。 ・中段板（合板）を張り，雑巾摺りを打つ。 4. 天井を張る。 ・廻縁を入れ天井板（合板）を張る。 ・場所によって点検口を設ける。 5. 天袋を造る。　　　　　　　（図3） ・長押から15mm上げて，天袋敷居を入れる。 ・敷居と前掛かりの高さを合わせ，中段と同様に仕上げる。	図2 押入れ中段等参考図 図3 天袋敷居の取り合い 図4 天井回り縁断面 図5 仕口配置位置
2	天井	1. 和室の天井 ・既製品の目透かし天井を使用する。 2. 天井回り縁を入れる（No.76）。 ・部屋ごとに材料の色や木目を合わせる。 ・室内に木表を向けて，角に面を取る。 ・上端の室外側を少し削り，天井板との密着度を増す。　　　　　　　　　　　　　　（図4） ・部屋に入り目に付く場所を見付けといい，材料の中で良い材を使用する。その反対を見返しといい最後の納めはここで行うとよい。（図5） 3. 天井板を張る。 ・張り始めと終わりの板幅が等しくなるように割り込みをして，天井板をさく。 ・野縁（天井下地）を900mm間隔でながす。 ・張りながら断熱材を敷き込んだり，900mmごとにつり木でつる。 ・最後の板は，押入や隣の部屋から打つ。それでも打てない場合は，天井裏に潜って打つ。（図7）	図6 目透し天井の納まり 図7 天井施工参考図

（　）内の数字は本教科書の該当ページ
○引用・参考法令・法律一覧―――――――――――――――――――――――――――――――

1．労働安全衛生規則
　　第118条～127条（47）
　　第118条～129条（48）
　　第333条・第334条（49）

（　）内の数字は本教科書の該当ページ
○引用・参考文献等――――――――――――――――――――――――――――――――――

1．『図でわかる大工道具』永野五十雄著，株式会社オーム社，2014，pp51～52，（19）
2．『木材加工系実技教科書』独立行政法人雇用・能力開発機構　職業能力開発総合大学校　能力開発研究センター編，社団法人雇用問題研究会，2009，p39，図2（24）
3．『四訂版　建築Ⅰ』独立行政法人雇用・能力開発機構　職業能力開発総合大学校　能力開発研究センター編，財団法人職業訓練教材研究会，2010，p91，図2-68（44）

（　）内の数字は本教科書の該当ページ
○図版及び写真提供会社（五十音順・企業名等は執筆当時のものです）――――――――――――

　　株式会社ＴＪＭデザイン（6，13，14）
　　株式会社トプコン（13）
　　株式会社日立工機（12，49）
　　株式会社マキタ（12）
　　シンワ測定株式会社（14，114）
　　河合のこぎり店（9）

委 員 一 覧

平成元年2月〈作成委員〉	新井　寿明	埼玉県立大宮高等技術専門校
	猪飼　治夫	元東京職業訓練短期大学校
	寺内　忠男	小山職業訓練短期大学校
	矢野　昭吾	元職業訓練大学校
平成7年3月〈改定委員〉	大塚　太一	埼玉県立大宮高等技術専門校
	権田　正一	埼玉県立中央高等技術専門校
	前川　秀幸	職業能力開発大学校
平成15年3月〈改定委員〉	権田　正一	埼玉県立大宮高等技術専門校
	田母神　毅	埼玉県立熊谷高等技術専門校

（委員名は五十音順，所属は執筆当時のものです）

木造建築実技教科書

厚生労働省認定教材	
認定番号	第58623号
改定承認年月日	平成30年1月11日
訓練の種類	普通職業訓練
訓練課程名	普通課程

昭和51年3月　　初版発行
平成元年2月　　改定初版1刷発行
平成7年3月　　改定2版1刷発行
平成15年3月　　改定3版1刷発行
平成30年3月　　改定4版1刷発行
令和5年3月　　改定4版6刷発行

編　集　　独立行政法人 高齢・障害・求職者雇用支援機構
　　　　　職業能力開発総合大学校 基盤整備センター

発行所　　一般社団法人 雇用問題研究会
　　　　　〒103-0002 東京都中央区日本橋馬喰町1-14-5 日本橋Kビル2階
　　　　　電話　03(5651)7071（代表）　FAX　03(5651)7077
　　　　　URL　http://www.koyoerc.or.jp/

印刷所　　竹田印刷 株式会社

本書の内容を無断で複写，転載することは，著作権法上での例外を除き，禁じられています。また，本書を代行業者等の第三者に依頼してスキャンやデジタル化することは，著作権法上認められておりません。
なお，編者・発行者の許諾なくして，本教科書に関する自習書，解説書もしくはこれに類するものの発行を禁じます。

ISBN978-4-87563-092-0